独学术

如何独立学习并拥有自己的创见

［日］白取春彦 著

贾耀平 译

北京联合出版公司
Beijing United Publishing Co.,Ltd.

目录

第一章
做学问只能靠独学

1. 学习不算独学

（1）学习尚处于低级阶段 /002

（2）不靠自己学习，你什么也学不会 /004

（3）对大学生来说，独学也是必要的 /005

（4）独学没有教科书，也没有标准模式 /009

（5）独学的最终目的是能够拥有自己的创见 /011

2. 始于"从什么时候开始？"

（1）对"事情是从什么时候开始的？"保持疑问 /014

（2）簿记的起源 /016

（3）莎士比亚没见过真正的犹太人 /017

3. 知识始于疑问

（1）没有疑问，就无法得到答案 /022

（2）活知识才能被牢记 /024

（3）疑问不仅来自书本，也存在于日常生活 /027

4. 信息并不等同于知识

（1）信息时刻变化 /030

（2）知识不会过时 /031

5. 随时随地都可以独学

（1）热爱比技术性问题重要 /034

（2）不在买书上吝啬 /036

（3）妨碍独学的是混乱和不健康的情绪 /037

6. 独学者康德

（1）读懂康德并不难 /041

（2）康德与普通人的区别 /042

（3）研究小问题也能造就一门哲学 /044

第二章
阅读难读之书的窍门

1. 随机阅读

（1）挑战难读的书 /048

（2）半路弃书也无妨 /049

2. 从多种角度理解

（1）阅读，即观看脑中的影像 /052

（2）准备字典、百科辞典和地图 /055

3. 用"观读"之法战胜书籍

（1）先把难读的厚书放在一旁欣赏 /058

（2）以嘲弄的心态对待书 /059

（3）以随意的心态去阅读 /061

（4）不好懂的书可能本来就写得不好 /062

4. 和难啃的书做游戏

（1）不要害怕看似难啃的书 /066

（2）解读本反而比较难懂 /067

（3）试着以自己的方式思考 /073

（4）经典名作不必从头读到尾 /075

5. 边画线边阅读

（1）画线的意义和作用 /077

（2）画线的技术 /078

（3）画线最重要的技巧 /079

（4）做批注的方法 /080

（5）画线可以帮助记忆 /082

（6）不买书便读不了书 /084

6. 多读几本书

（1）读的书越多，你理解的事情就越多 /086

（2）学速读法只是浪费时间和金钱 /087

（3）多读书的效果 /088

7. 阅读可以改变世界

（1）我们总把虚构当成事实 /091

（2）16 世纪日本人的真实样貌 /092

（3）世界观改变之时 /095

第三章
提升修养

1. 何谓修养

（1）知识并不等同于修养 /098

（2）更好地生活 /099

（3）不要把知识当工具 /100

2. 基础的修养

（1）某评论家的无知 /102

（2）有的文化，底色中蕴含宗教元素 /104

（3）了解基督教有助于读懂哲学 /106

第四章
外语独学术

1. 首先要正确使用母语

（1）说不好母语，外语也几乎不可能学好 /110

（2）外语不是那么容易学会的 /111

2. 培养对语言的品位

（1）对语言整体的强烈关注 /114

（2）有语言品位之人的特征 /115

3. 学外语的诀窍

（1）首先要整体把握 /117

（2）把词典当读物 /118

（3）不全心投入，你就无法成功 /120

4. 把阅读放在首位

（1）阅读力是学习外语的基础 /122

（2）读不懂就说不出来 /123

（3）总之要大量阅读 /125

5. 理解外语的逻辑思路

（1）只靠习惯是学不会的 /127

（2）"学外语先从会话学起"的观念并不正确 /129

（3）掌握句法结构 /130

（4）把握核心概念 /132

（5）学习该国文化能提高外语学习速度 /134

第五章
思考的技巧与调查研究的技巧

1. 一切论点都只是假设

（1）别盲目深信名家名著 /138

（2）韦伯的学说是否正确 /139

（3）著名学者的言论未必全都是正确的 /141

2. 观察思维方式

（1）了解各种不同的思维方式 /144

（2）学习他人的思维方式而非观点与结论 /145

3. 调查研究某一主题

（1）亲自调查 /147

（2）写出关键词 /148

（3）借书或买书 /149

（4）正确掌握词汇、用语的含义 /151

（5）对书中内容保持怀疑 /152

4. 随身携带笔记本

（1）写下来就能解决疑问 /158

（2）如何做笔记 /160

5. 有效利用图书馆

（1）整理好笔记和复印件 /163

（2）查阅资料的基本步骤 /165

（3）住在图书馆附近 /166

后记 1　独学改变人生 /169

后记 2　做有创见的独学者 /173

第一章
做学问只能靠独学

1. 学习不算独学

（1）学习尚处于低级阶段

"终身学习"一词大概是官方造词。无论是谁创造了这个词，这个词都太奇怪了。因为对于成年人来说，学习恐怕多是为时已晚。

那"学习"究竟是什么呢？从本质上来说，学习其实就是"模仿"。

比如说，还不会写字的孩子模仿范本进行书写，这就是学习。此时，模仿得好便已足够。

因此，小孩子或初学者用毛笔摹写的行为叫作"习字"。它与"书法"完全不同。所谓书法是跳出模仿阶段，写出具有个人风格的字。

大人也会练习写毛笔字，这其实也是"习字"。有人称之为"书法"，但这只是碍于大人面子的一种客套话。无论何种叫法，其本质都是"习字"，是以支付学费消磨时间，顺便结交知己为主旨的一种兴趣爱好。

本书所说的"独学"并非这种学习。"独学"并非失意之人填补人生空虚的兴趣学习，也并非依样模仿老师的低水平学习。年岁尚小的孩子、一无所知的初学者做的是模仿训练。已经跨过那个阶段的大人要做的则是独学。换言之，"独学"并非"learn"，而是"study"。

"study"有研究、探究之意，但在日语中，我们找不到这样的说法。如果使用日语中的"研究"一词，语意和情感层面会存在一些微妙的差异，因此，本书还是采用大家熟悉的表达方式，即"学习"或"勤学"。需要提醒大家的是，在接下来的章节中，无论是"学习"还是"勤学"都没有"模仿"的意思，而是指研究（study）。

（2）不靠自己学习，你什么也学不会

从字面上看，"独学"二字总是给人一种孤独感，甚至给人一种独自一人在阴郁沉闷的氛围中默不作声地伏案学习的印象。但是，"独学"的"独"并非孤独的意思，而是指不师从特定导师。

不师从特定导师，但是可以有众多导师。"独学"是把那些有真本事、真学问的人当导师，而非把那些对学问一知半解的人当作导师。具体来说，就是以最高水平的书籍为师。

或许有人担心像外语之类的学习，无法只靠独学做到。比如说，他们会觉得有必要去外语培训班上课，请专业教师指导自己。但是，从个人努力的角度来看，若是缺乏独学的过程，你也很难掌握一门外语。

我们只要去外语培训班看一眼便会清楚。两百个人同时入学，倘若有几个人能坚持跟老师上到最后一堂课，便算是很不错的结果了。95%以上的学生会因挫败而中途放弃，能坚持学到最后的人屈指

可数。

因为，无论是上大学还是去外语培训班上课，如果你自己不去真正地学习，最后还是什么都学不到。换句话说，不会独学的人连一些基本的课程都跟不上。

如今，正因为不会独学的人实在太多了，语言学校的学员流动率才会如此之高，培训班也因此赚得盆满钵满。

鉴于此，本书的目的就是为那些对自己学习没有信心、没有安全感的人提供勇气，帮助他们找到努力的方向和诀窍。

（3）对大学生来说，独学也是必要的

我来说说自己的个人经历。学生时代，我对学校的课业不太擅长，几乎没有为应对考试而勤学过，或者说，这种学习方式并不能让我感到满足。要我一板一眼地完全记住老师按照教学指导原则在黑板

前讲解的内容，几乎是不可能的。进了大学后，我对绝大部分的课程也毫无兴趣，不是逃课打台球，就是看一些杂书、旧书。

不过，当时我读的那些书正好是大学教授做研究时参考的书籍。所以，也可以说，在阅读方面，我和他们站在了同一水平。这样做的结果就是，我渐渐知道教授在进行课堂讲授时对哪些内容有所省略，对哪些内容解释得不够详尽。

一般而言，成绩好的学生是靠着为考试而读书来取得优秀成绩，但我不为考试而读书，却也能取得好成绩。这种体验非常奇妙。我终于发现，大学学习不在"身外"，而在"心内"。

后来，我考入了一所德国的大学。在那里，我发现独学同样是必要的。这所大学没有学年制度，除了古希腊语、古拉丁语、中世纪德语之类的语学科目，几乎没什么必修课。当年新生和博士研究生的课程是一样的。研究内容和研究方式全看学生的意愿和兴趣，教授也只是借上课的形式做示范而已。总而言之，这所大学是个独学的场所。

人们常说"即使你上了大学，在社会上也吃不开"，这其实是一种偏见。上了大学之后不会独学，才是进入社会后吃不开的原因。

"如果当时再勤学一些就好了。"这种为过去之事感到后悔的想法也是错误的。在学校，你可以为应付考试（如果这也算用功）而学习，也可以选择独学。

之所以会有这种想法，是因为有些人固执地认为"只有在学校才能好好学习"。其实，若真想勤学，只需从此刻开始独学就行了。除了某些需要做实验、使用仪器的理工科，其他大部分的学科，都能自己进行学习。没有任何事能妨碍你。

顺便提一下，19世纪的哲学家弗里德里希·尼采（Friedrich Nietzsche）在其《人性的，太人性的》（*Menschliches, Allzumenschliches*）一书中写过下面一番话：

做学问锻炼的并非人的智慧，而是技能。长时间严谨地研究一门体系严密的学问，其价值并非完全由成果决定。因为，所谓的成果只是智慧汪洋中一滴毫不起眼的水滴罢了。但它却能增强人的能量、推断力和持久力。[①]

我在《超译尼采Ⅱ》(《超訳ニーチェの言葉Ⅱ》)中对这一部分进行了改译。改译之后，文意会更加明确，尼采所强调的做学问的意义也会更加清晰。

……学习带给我们的成果其实是在其他方面。学习可以锻炼人的能力。比如细致严谨的调研能力、推理和推断的能力、持久力和毅力、多角度看问题的能力、大胆假设的能力等。这些能力也可以应用于不同领域、不同行业中。

---

① 参考池尾健一译本。本书注释除特别标注外，均为作者原注。

行文至此，大家应该已经知道我的意思了。相较于通过学习获得的成果和成绩，那些在学习中培养的能力有着更广泛且更持久的应用性，对一个人的将来大有裨益。

说得刻薄一些，考试分数高并不能说明本人能力高。就算没有在考试中得高分，但或许本人掌握了可以灵活应付人生中各种状况的更重要的能力。

因此，独学是一种非常有效的方法。

（4）独学没有教科书，也没有标准模式

独学路上，没有任何事情可以对你构成阻碍。但有的时候，可能在独学之前我们内心就已经存在一些障碍，最典型的正是一种思维定式：应该有教科书之类的指南引导自己更高效地学习。

"我想好好地从基础开始学起，所以希望有一本像教科书那样的东西"，如果存在这样的想法，则说明你已经习惯于学校灌输的固定思维模式。

其实，只有数学和乐器演奏类的科目需要走"先打好基础，然后慢慢朝高难度的方向进阶"的路子。其他知识并不存在基础、中级和高级之分。

也有人会找一些书名里有"入门"二字的书籍来代替教科书。然而，并没有任何人或事能保证入门书籍就一定浅显易懂，一定适合初学者。比如说，读几本"哲学入门"方面的书籍并不能让你真正了解哲学。相比之下，直接阅读原著更容易迅速进入状况。

似乎很多人误以为教科书的内容很基础。这点我们翻翻现在的历史教科书就知道了。你会发现，书里的很多历史事件其实都是勉强拼凑起来的。为了将应该学习的知识塞进有限的篇幅里，采取这种三言两语的拼凑方法也是没有办法的事。然而，这种文字很难和一般的书籍内容相提并论。如此，教科书反而更像内容不太翔实的百科全书。

这就是为什么学校的考试以测试的形式进行。只要你的答案和那本被称为"教科书"的百科全书中列出的正解（正确答案）一致，考试就万无一失了。如果学生习惯了这样的形式，即便长大成人之后，他们依然会以这种眼光看待世界，觉得社会上的各种事物非黑即白，非对即错。

（5）独学的最终目的是能够拥有自己的创见

假设，学校的考试中出现了以下题目：

"（　　）年，佛教传入日本。请填空。"

我自己也写过几本有关佛教的书，却无法在括号内写下正确答案。因为我确实不知道佛教是哪年哪月传入日本的。关于这一问题的答案，目前学界有几种观点，但是每种观点都尚未得到证实。因此，我也无法确定佛教传入日本的确切日期。

但是，擅长应付考试的学生就能立刻填上"552年"。他们把这个年份当作佛教传入日本的时间背了下来，而且他们本人也深信佛教是552年传到日本的。

此外,对于"佛教传入日本"具体而言是什么意思,那些擅长应付考试的学生也从未思考过。"佛教传入日本"是中国的僧人携带佛教用品渡洋上岸那年,还是日本统治者决定引入佛教那年?抑或,是否还可以从别的角度来看待佛教的传入?他们从未有过类似的疑问。

在那些擅长应付考试的学生眼中,佛教传入日本的时间毫无疑问就是552年。他们认为教科书中所写的时间是绝对正确的。事实上,能够在只考正确答案的测试中得到高分的,也正是这样的人。

不过,深信学习就是这么一回事的人或许占到绝大多数。因为那些将各个领域的终身教育课程和学习内容做成"教科书"进行销售的公司经营得一直不错,从其受欢迎的程度中,我们便可推知一二。因为大家都想要"教科书",都想要标准答案。

但是,这并不是真正意义上的学习,这只是单纯地记下百科全书式的内容,缺乏任何建设性的见解或主张。而且,现在计算机等智能设备早已能够代替人脑去存储这些条目。但人脑远远比计算机更出色、更优秀。因为人的大脑能自主思考,具有创造性思维,能产生全新的观点和推论。这正是独学的最终目的。

本书会介绍独学的基本方法,比如读书的方法、看待问题的方法、思考的方法、提升文化修养的方法。

请你一定尝试一下这些方法,从而懂得学习的真正乐趣,了解自己无限的潜力。

权当我在开玩笑也行,总之,姑且试一试。通过独学,你一定可以发现崭新的自己。

2. 始于"从什么时候开始?"

(1) 对"事情是从什么时候开始的?"保持疑问

在探寻知识的路上,如果一个人能就不起眼的小问题深入追问,便很可能会遇见知识的汪洋大海。

即使不是什么特别的问题也没关系,只要产生"这件事始于何时"的好奇心即可。比如说,"音乐是从什么时候开始出现的?"。你会发现音乐的基础是音律,那音律又起源于何时呢?

不断地追问下去,你会发现一个叫毕达哥拉斯(Pythagoras)的人。他是公元前6世纪前后的一位古希腊哲学家。

那这位哲学家为什么会发明音律呢?查阅了毕

达哥拉斯的生平事迹之后，你会发现原来他也是现代人所说的数学家。然后，你就会想起数学上的勾股定理也叫毕达哥拉斯定理。

再深入查阅一下，你会发现毕达哥拉斯不仅是一位数学家，他还对天文学有所涉猎，他甚至认为整个世界乃至宇宙都是由数字构成的。

你可能从这种极端的想法中隐约嗅到些许宗教的味道。不错，毕达哥拉斯确实创立过宗教团体。他认为万事万物都可以用数学进行解释。他相信轮回说，还设定过奇怪的生活准则，包括禁食豆类等。他的追随者则被称为毕达哥拉斯学派。

你看，只是对"音律是从什么时候开始出现的"进行追问，你就能接触到以上这么多相互关联的知识。在积极回应自己好奇心的过程中，你会自然而然地获得这些知识。因此，与学校里死记硬背、强行灌输的标准答案不同，这些知识不需要你去特别记忆，只需理解一次，你就能将其全部记住。

疑问的幼苗在日常生活中俯拾皆是，只是我们往往不会带着问题意识去深入研究，所以，我们才会看不见隐藏于疑问背后的知识大洋。

（2）簿记的起源

一般来说，公司职员或投资股票的人都知道公司有各种各样的财务报表。其实财务报表的雏形就是簿记。但是他们可能从没想过簿记是什么时候出现的。

到底是谁发明了簿记，目前已经无从考证。一般认为，簿记可能是14世纪左右的一位意大利商人发明的。不过，对复式簿记进行详细阐释的人是意大利数学家兼修道士卢卡·帕乔利（Luca Pacioli）。他在自己的数学著作中对复式簿记的有关方法进行了系统性的阐述。

簿记的出现也证明了当时的金钱流通非常频繁。查阅资料后，我发现14世纪西欧的经济活动非常繁盛。这又衍生出下一个问题：为什么当时（西欧）的经济如此繁盛呢？

当时的西欧尚未进入工业时代，民间贸易十分繁荣。人们用低廉的价格从其他国家买入胡椒、染料、宝石等商品，然后运到本国高价出售。

但是，那并非是身处现代的我们所认为的那种现代意义上的商业社会。当时，普通老百姓基本不使用金钱（货币），而是自给自足，过着以物易物的质朴生活。被认为木讷野蛮的他们一直受到庄园领主和教会的约束。反之，热衷于商业活动的则是那些身居高位的神职人员、王侯贵族和商人。

当时的社会阶级分化明显。贫苦的下层阶级对富裕的上层阶级的所作所为一无所知。后者一方面向老百姓宣称收取贷款利息的行为有违《圣经》中神的旨意，一方面却和商人、王侯贵族等一起参与商业活动。

（3）莎士比亚没见过真正的犹太人

神职人员和执政者曾经严格限制犹太人的职业，

规定犹太人只能从事放贷等工作。他们一方面宣称犹太人放贷是卑劣的行为，一方面却从犹太放贷者那里借入资本，投资于贸易活动。

十字军东征是当时西欧各国贸易往来愈发频繁的重要原因。十字军东征的主要目的是从伊斯兰教徒手中夺回圣地耶路撒冷。商人们跟随十字军远赴他国，西欧的贸易也因此越来越繁盛。

十字军的主要目的应是夺回圣地，但众多参加者的动机并不全在于此。他们想要摆脱领主的束缚，舍弃不堪忍受的贫苦生活，离开没有希望的故土，打算寻找新的安居地，开始新的生活。

此外，加入十字军还有一项特别"恩典"，那就是从军者可以消除过去的所有债务。换言之，从军者的主要目的是掠夺伊斯兰教徒的土地和财产，在当地安家定居。但是，这场漫长的征战旅途需要花费大量金钱，于是他们直接将矛头对准有钱的犹太人，抢夺钱财之后，再出发前往东方。

讲到有关犹太人、商人、放贷等西欧中世纪的故事时，我们很容易想起威廉·莎士比亚（William Shakespeare）的戏剧名作之———《威尼斯商人》(The Merchant of Venice)。剧名中的"威尼斯商人"并非指放贷的犹太人夏洛克，而是意大利商人安东尼奥。安东尼奥靠投资贸易商船而成为富商。

在这部剧作中，安东尼奥在公认的交易场所执拗地咒骂夏洛克是"凶手的走狗""恶魔""异端者"，同时一再强调自己借给别人钱从来不收利息。靠收取利息赚钱是种恶行，这是贯穿全剧的价值观。

另外，剧中也对犹太人有所歧视，将其描述为一个不正派的民族，配乐则是基督教的赞美歌。但实际上，这部剧中的基督教归根结底是属于白种人的基督教，女主人公鲍西娅甚至会对肤色与自己不同的人感到生理上的厌恶。简而言之，这是一部有所偏颇的剧作。

这部剧于英国首次公演是在1598年，但是当时英国并没有犹太人。三百多年前,确切地说是1290年，犹太人便被驱逐出英国了。也就是说，莎士比亚并没有见过真正的犹太人，他是根据有关对犹太人的偏见和歧视的传闻撰写了这部著作。

既然如此，为何这部戏剧仍然赢得了众人的瞩目和喝彩呢？这就要归结于1594年史无前例的经济大萧条。在普通人为钱所困的时代，剧中这种靠收取利息不劳而获的犹太商人受到惩治，实在是大快人心。

你看，仅仅查阅"簿记"一词，知识的海洋便会在你面前逐渐展现。

在寻找知识的路上，如果你对"金钱"产生兴趣，就尽管去查阅有关资料吧。你可能会发现，从古代一直到中世纪初，金钱的价值完全取决于其重量，并且主要用于神殿供奉或缴纳税金，一般人进行买卖交易时并不使用金钱。如果把目光转向东方，你会发现某些金属硬币中间有小孔，这其实是源自中国古代剑柄末端的孔洞。

这些知识看似属于无关紧要的杂学，但其实是与现代社会息息相关的人类历史知识。而且，与学校里那些需要死记硬背、片段性的条目式知识不同,这些知识能被串联起来,让人不由自主地涌起好奇心并学下去。而所有这一切都始于一个简单的疑问:这件事是从什么时候开始的?

3. 知识始于疑问

（1）没有疑问，就无法得到答案

我认为自己在心智上有很多地方都还像个孩子。至于哪些地方像个孩子，那就是我对各种事情都持有疑问。

小时候，我常常追着大人问问题，但是他们很少认真回答，不是说"少管闲事"就是说"不知道也不碍事"。

时至今日，我已经能够理解大人当时的心情。其实，那是因为他们自己对很多东西也是一知半解，于是便像其他不求甚解的大人一样，稀里糊涂地应付孩子。小时候的我自然不懂得这些，总觉得问他们也是白问，还不如自己从书里找答案，那样会更快。

无论是谁，没有疑问，就无法得到答案。不经过寻找、探究，就无法获得真正的答案。当然了，随大溜地度过人生也并非不可。

孩子们常常认为大人有丰富的人生经验，对世间之事了解得比较透彻。但他们终究会知道，很多大人也只是年龄上比他们大而已。要我说，这样未免过于差劲了。因此，直至现在，我仍然继续追寻着自己想探究的问题的答案。

其实，简简单单地看看书，你便会产生很多疑问。比如，一本有关佛教的书上堂而皇之地写着："佛教有两条路，一条是大乘佛教，一条是小乘佛教。'大乘'指的是可供众人乘坐的大车乘，有可以拯救众人之意；'小乘'指的是小车乘，只能救赎自己。传入日本的是大乘佛教，传入东南亚的是小乘佛教。"

这段文字明显带有对大乘佛教和小乘佛教的褒贬，作者似乎很偏向拯救多数人的大乘佛教。

那么，读到这里，我自然而然地产生了很多疑问。

比如，为什么传入东南亚的不是优势较大的大乘佛教而是小乘佛教呢？东南亚的佛教僧人们对于自己的佛教被称为"小车乘"是否心存芥蒂？最开始为什么会产生这两种佛教的区分呢？等等。

（2）活知识才能被牢记

要解答上面的一系列疑问，就必须查阅其他著作。可能你会觉得一遇到问题就翻书找答案很浪费时间和精力。但是，冒着视力下降的风险上网查找资料可能比看书还要多花数倍的时间。

查阅其他书籍后，你会发现小乘佛教的"小乘"原本带有歧视的贬义，而且是从"大乘"的视角对其单方面的叫法。在东南亚地区，佛教的正确名称应为"上座部佛教"。所以，上面一段文字只是作者个人带有偏见的看法。

如果再深入追问的话，你就会发现佛教一分为二的契机在于金钱的布施。古代，人们对佛教僧侣的布施一般是家中剩饭，但在释迦牟尼（佛陀）涅槃后三百年左右，货币经济逐渐普及化，有些人开始使用金钱进行布施。关于对这种金钱的布施接受与否，僧侣们出现了不同的立场。

在不断的深入追问中，你不仅能得到最初问题的答案，还能连带着了解以前不知道的历史事件和一些细枝末节。比如说，梵语是当时统治阶级的专用语，而平民使用的是巴利语。

大乘佛经是用梵文写成的，那是因为布教的主要对象并非平民百姓，而是统治阶级和上层阶级。从这一点又能引出新的问题：佛教的发展方向是否与释迦牟尼的初衷南辕北辙？

带着这个疑问，查阅一些相关书籍后，你会发现佛教确实有从上层阶级向普通平民传播的倾向。不仅中国如此，日本同样是由朝廷率先引进佛教的。

到了这里，我恍然大悟，想通了一件事。我们知道，人们去寺院佛堂参拜时要经过一段石阶，石阶的间距很宽，人们走在上面很不方便。既然如此，为什么当初把石阶设计得这么宽呢?这是因为,那些石阶不是为人设计的,而是专为马匹设计的。也就是说,石阶的宽度是为了方便骑马来佛堂的上层阶级,并未考虑到一般人的步伐。

就像上面讲过的一样,一些不起眼的小疑问可以衍生出众多知识,而这些知识又会牵引出新的疑问。在不断地解答疑问、深入研究的过程中,你的知识会成倍增加,世界和历史也会以一种崭新的、鲜活的样貌展现在你面前。

以这种方式学到的知识,与你在学校里死记硬背的条目截然不同,它们是在兴趣和好奇心的驱使下被你自然而然地记住的。因此,无须做笔记,你就能将其牢牢地记在脑海中。

所谓活知识,指的正是这样的知识。即使把在学校里学到的知识几乎全部忘记,你也没必要哀叹、后悔。因为那些不是真正的知识,只是事项条目。这些条目并非你带着疑问和兴趣主动去掌握的东西,你记不住也无可厚非。真正的知识是通过独学获得的，你会将其深深地嵌在大脑中，不会忘记。

（3）疑问不仅来自书本，也存在于日常生活

疑问不仅来自书本，也存在于日常生活。比如说，看电视时，你可能会注意到经济新闻中开始频繁出现"compliance"一词。它有"遵守法律"之意。

公司经营遵守法律是理所应当的。这不禁让人产生疑问，为什么现在"compliance"会成为一个新的专有名词呢？其实，之所以出现这个疑问，恰恰说明在如今的经济活动中，日本企业经营者的道德已经败坏到了一定程度，媒体不得不开始使用该项术语。明白这一点后，再重新审视一下财政新闻的内容，你就会发现越来越多的日本企业通过违法违规的手段赚取利益。

一则关于是否修改皇室典范[①]的新闻也让人产生

[①] 皇室典范是基于日本宪法制定的规定天皇皇位继承顺序，以及皇室制度和结构的相关法律。——译者注

疑问。这则新闻上称，日本天皇是万世一系（这已经很值得商榷了）。为了便于理解皇室典范，我翻看了《日本国宪法》，发现其中记述着"（天皇的地位）基于主权所在之日本国民的总意"。但这段话里也存在着各种疑问。首先是一个简单的问题："国民的总意"究竟是什么意思？

从字面意思来看，"国民的总意"即全体日本国民的意志。那么这个"意志"是如何确定的呢？实际上，日本并没有针对是否认同天皇地位这一问题举行过全民公投。既然如此，那宪法又如何能断言天皇地位是基于国民的总意？难道说宪法在这一点上并非十分肯定，只是一种愿景？比起修改皇室典范的问题，弄清楚这一点反倒更加重要，不是吗？

简而言之，如果你对任何事物都是漫不经心、走马观花，把世间万物都看作理所当然的存在，那么你就不会有任何疑问。如果一个人不能像孩子般追问"为什么"，那他可能永远无法获得真正的知识。

现如今，越来越多的大人正在逐渐丧失这种鲜活的"孩子气"。他们认为"世界本就这样",沉浸在一种"放弃"和"怠惰"的心绪中,用文学创作来满足残存的自我表现欲,用饮酒和无聊的嗜好打发时间。

相比之下,那些不愿成为这样的大人的孩子,他们的心态反而比较健康。他们眼中的世界与散漫的大人因欲望而浑浊的眼睛所看到的世界迥然不同。真实的世界是意义深远、充满神秘的。

若想发现这个世界的深远与神秘,你需要像孩童般不断追问"为什么",以这种心态求取知识。

4. 信息并不等同于知识

（1）信息时刻变化

何谓信息？信息是指传播某一时刻状况的内容。因此我们不说"交通知识"，而称"交通信息"。

信息无时无刻不在变化，任何东西都不会基于一条信息而传播。正因为是动态变化的，终有一刻，它将不再有效。比如说，前一刻还有用的股票信息下一刻便会毫无用处。

现在，互联网上的大部分内容都属于信息。报纸、杂志、传单上刊载的内容大多数也是如此。这些信息都具有时效性，并且其依据、来源和内容真伪也很难判断。

正如司机要了解交通信息一样，为了生活得便捷、安全，掌握当下的信息是很有必要的。比如说，天气预报会左右我们的衣着打扮，商品销量和人员流动也会根据气象信息发生变化。

（2）知识不会过时

知识与信息不同。知识是支撑人们日常生活的基础。有数学知识，我们才能正确地计算，开展正常的经济活动；有化学知识，我们才知道不能用尿液浇花，否则会导致植物枯萎。

另外，知识的应用范围非常广。相较于具有时效性、应用范围窄且不稳定的信息，知识长期有效、应用范围广且不会过时。

有关拉丁语的知识正好能证明这一点。拉丁语是一种古老的语言，现在它主要被天主教神父用作通用语言。要说这种古老语言也是一门不会过时、应用范围广的知识，你可能会感到难以置信。其实，现代社会中的主流语言都是以拉丁语为基础的。

因此，即便不懂英语、法语或德语，如果你了解拉丁语，还是能够大致理解上述几种语言。天主教的传教士之所以能很快掌握其他语言，便是因为他们懂得拉丁语。

我们普通人如果能稍微懂些拉丁语知识，便能了解那些生活中比比皆是的西方文字的大概意思。

比如说，很多汽车品牌会以拉丁文来命名。诞生自瑞典的汽车品牌"Volvo"，其拉丁文原意是"旋转"；日本大众车型"Corolla"的意思是"小巧的皇冠"；日本高档豪车"Gloria"，其名称有"荣耀"之意；德国大众汽车"Polo"的拉丁文意思则是"北极星"。

此外，在平日耳熟能详的词语中，拉丁文也出奇地多。比如说，日语中的カリスマ（charisma），其拉丁语的意思是"神的恩宠"；服饰品牌雅格狮丹（Aquascutum）的意思是"防水用具"；女性杂志《昕薇》（*VoCE*）的意思是"声音"；麦格农（Magnum）手枪则是有"大"的意思。

在国外一些有声望的学校，学生除了母语还要学习拉丁语和希腊语。因为，学会这两种古老的基础语言，能助其更快地理解很多知识。如果像日本的学校，仅让学生学习英语，那是远远不够的。

解剖学家养老孟司曾说："学者如同御宅族。"我觉得这一说法失之偏颇。因为所谓的"御宅族"只会收集那些有限的嗜好品信息，丝毫不想用知识去探寻更广阔的世界。

知识对于任何人来说都是有意义和价值的，而信息只在有限范围内对一小部分有特定关联的人员有意义和价值。因此，御宅族称不上是有知识的人。

尽管如此，我们也不能断言"信息不重要，知识才重要，有知识就完全足够了"，因为有时候积累一定数量的准确信息也会催生出知识。

5. 随时随地都可以独学

（1）热爱比技术性问题重要

提起阅读，很多人或者很多阅读技巧方面的书籍会给你这样或那样的建议：利用通勤时间读书；为了学习，首先要打造舒适的书房；选一些方便使用的文具；最好选择宽大且容易整理的书桌；有滑轮的书架用起来最方便；听某某古典音乐容易集中精神；利用早晨的时间学习，效果会更好；要有短暂的深度睡眠……

但是，那些真正在独学的人是如何行动的？他们会为了挤出读书时间而削减睡眠时间吗？他们会关注书房的设计与布置吗？完全不会。他们只会埋首阅读、思考，去开拓更广阔的知识世界。

换言之，他们在思考如何安排阅读时间之前便已埋首书页，无论身处何处，都仿佛置身于自己的书房之中。

我也是如此。只要没有街头宣传车或飙车族的噪声干扰，我在哪里都能学习。一旦专注于阅读和思考，我便听不见周围的任何声响，甚至连自己所处何处都忘得一干二净。

我时常因读书而错过下车的站点。有次搭乘新干线，差点儿忘记自己应在新神户下车。错过用餐时间的事更是数不清。

而且，如果当下觉得有必要，即便家里已经有的书，我也会立即买下，确认内容。我曾因此对同一本书买过四次。这看起来可能有点乱花钱，但一本书最多不过是两杯鸡尾酒的价钱。如果用买书的钱喝马提尼的话，只需两杯，脑袋就会混乱，无法理智地思考。我觉得这样的浪费才更令人惋惜。

利用通勤时间来读书确实可行。不过，若能少浏览一些杂志、广告传单、网络信息等，相信你能节约出更多的时间。当然了，最浪费时间、最能杀死脑细胞的行为是长期嗜酒。把喝酒当作家常便饭的人不要说是独学，就连一般的小事也做不好。这在欧洲已是流传已久的普遍认识。

（2）不在买书上吝啬

那些常常因房贷等生计问题而选择节俭度日的人完全不适合独学。因为他们在买书上总是犹犹豫豫。如果你想学习知识，那仅仅从图书馆借书是不够的。通过借书获得的知识，总有一天会和书一起还给别人。这些话听起来仿佛有些难以置信，但的确不假。

如果一个人背负各种贷款，必须省吃俭用到面对自己想读的书、值得一读的书都要犹豫不决的程度，我想这个人在精神上肯定比较危险，容易出现问题。因为这种经济压力有违人性化的生活。人不应该背负数额如此庞大的贷款。为了偿还贷款而牺牲了自己的生活，这种事简直太疯狂了。

或许有人认为文化诞生于优裕与丰饶，吝啬、贫瘠很难孕生出文化，但是，并非仅靠过度的优裕和丰饶就能孕育出文化。文化是在人们衣食住行等都得到满足的开明、自由的环境中产生的。回顾历史，我们会发现，对文化创造贡献最多的是中产阶级。

书房确实是文化丰饶的象征之一。对于一个从独学者升级为某领域专家的专业人士而言，一个采光好、温度和湿度宜人的完美书房是高效工作的必备品。而对于一个普通独学者来说，准备一把不给身体增加额外负荷的椅子便已足够。一把阅读时使用的椅子，是中产阶级也能负担得起的东西。

（3）妨碍独学的是混乱和不健康的情绪

书房之类的身外之物并不能左右独学的质量，只有专心致志、心无旁骛，你才能真正做到独学。因此，完全不需要去特别安排出"独学时间"。读书，画重点，思考，为了拓宽思路去阅读其他书籍；有时花一小时去阅读，有时占用五分钟的空闲时间读一下书……这些都是独学。

即使是学者，也不可能从早到晚片刻不停地做研究。他们要教学，要开会，要研讨，他们的很多学习和研究都是利用工作之余完成的，连大名鼎鼎的爱因斯坦平日里也要去专利局上班，他并非一直处于时间充裕、设备精良的环境中进行实验。

因此，诸如"非早晨不独学"的观念有点偏执，每个人都有各自的生活方式和生活状态。按照适合自己的方式独学即可，不必强求他人或勉强自己。

在现实生活中，妨碍独学的不是"没时间"，而是混乱和不健康的情绪。一个心怀怒气、满腹愤懑的人肯定读不进去书，理解不了书中的内容。因为，阅读是一种接受并理解"异质思维"的行为，正因为缺乏这种宽容的心胸，人们才会心怀怒气、满腹愤懑。

控制自己的情绪是成年人必须学会的一件事。

有些人的性格确实比较易怒,但性格是能够改变的。大量阅读书籍,你便能做到这一点。某本特别的书籍并不会使人的性格发生陡然转变。只有在反复阅读和深入思考的过程中,人的性格才会逐渐改变。

为什么呢?如前文所述,阅读是一种接受并理解"异质思维"的行为。阅读需要忍耐之心,需要接纳"异质思维"。这样的过程有助于我们控制情绪,改变心性。

其实,只要看看那些动不动就发脾气的人或者那些没有走上正途的人,你便会明白,他们都不读书。不法分子或失足少年不读书,或者说,他们因为无法阅读,以致无法控制自己的情绪,从而惹出大大小小的事端。

虽说如此,这也并不代表市场上的书籍都是好的。仅阅读那些与自己想法相同的作者的作品,读得再多也不会为你带来多少改变。不妨尝试读读那些自己从未涉猎的或是比较艰深的书籍。艰深的书需要我们花时间去阅读、去理解，更需要我们拥有忍耐之心。这些书的内容可能不同于社会上的主流价值观，但正因如此，才更有助于我们做出改变。

　　刚开始，你可以循序渐进地读一些难懂的书。不知不觉间，你会发现与半年前相比，自己已经有了较大的不同。而且，你的这种改变也会被别人看在眼里。到那个时候，独学早已成了你的习惯。

6. 独学者康德

（1）读懂康德并不难

哲学书籍中最具备哲学色彩的要数伊曼努尔·康德（Immanuel Kant）的《纯粹理性批判》（*Kritik der reinen Vernunft*）。很多人说这本书很难读懂。其实，事实并非如此。只有那些把日常成见当成事实真相的人才会认为该书晦涩难懂。

康德生于18世纪的东普鲁士，曾在柯尼斯堡大学担任哲学教授。57岁时，康德撰写了《纯粹理性批判》一书，论述了有关人类认知界限的哲学。

康德给人以性格严谨的学者印象，并以过着规律生活的逸事而闻名。但这个形象多少有点夸张。19

世纪德国诗人海因里希·海涅（Heinrich Heine）曾如此形容康德：

"他几乎是过着抽象的独居生活，没什么生活而言，经历也很贫乏。他过分认真、多疑，他的文章就像干瘪的包装纸。"

海涅之所以对康德口出恶言，是因为他没有真正理解康德的哲学。

实际上，康德既不死板也不顽固，更不是在象牙塔里每天不问世事、因循守旧的学者。真正的哲学家会关心、关注很多事情，在各种问题上比一般人更活跃。

（2）康德与普通人的区别

康德也是如此。康德非常注意自己的仪容仪表，他曾在书中写道：

"跟上潮流的傻瓜要比跟不上潮流的傻瓜强。"

康德会在午饭上花好几个小时，与各种职业的人把酒言欢。他不怎么聊哲学话题，反而热衷于闲话家常。

当时，一位叫作伊曼纽·斯威登堡（Emanuel Swedenborg）的瑞典男人成为柯尼斯堡地区人们争相谈论的话题人物。这个人声称自己去过好几次灵界，并把自己在灵界的见闻写成了一本书。

斯威登堡在书中详细描述了夭折的胎儿和婴幼儿在灵界如何生活。即使在现代，也有人对他所描述的神秘之事深信不疑。18世纪有许多人都相信他的说法，康德周围的朋友，尤其是女性，对他非常感兴趣。

但是康德不一样。康德对只有斯威登堡一人有机会目睹灵界的事情表示严重怀疑，他不禁思考，普通人有那么大的能力吗？

我们现代人也会像康德一样怀疑这件事。不过，我们会简单地得出如下结论：世界上可能确实存在异能者。我们总是轻易地将文字与现实联系在一起，比如，那些人被称为"通灵者"，既然存在这种称呼，就代表世上存在这样的人。其实，仔细想想，我们就会发现这个逻辑存在问题，有名称并不能保证某物在现实中确实存在。

康德并不认为世界上存在如此特别的人类。既然同属凡人，斯威登堡理应不会拥有超出凡人之力的能力。对于看得见的东西和看不见的东西，他的认知也应与普通人相同。

（3）研究小问题也能造就一门哲学

基于这样的疑问，康德写下了著名的《纯粹理性批判》一书。书名中的"批判"一词指对人类纯粹理性的分析。以下是对《纯粹理性批判》所述内容的简要介绍：

"人类生来便拥有对时间、空间、数字、大小等的基本概念，并不断认知与这些自我概念相符的事物。换句话说，人们看见和认识的事物并非事物本身。因此，促成人类理解事物的理性、悟性、感性自然存在一定局限。"

简而言之,人类并不具有认知世上一切事物的能力,以刚刚提到的斯威登堡之事为例,我们可以得出这样的答案:人类不可能看见超越自身认知范围的事物。

尽管如此,康德并非完全否定神秘事物的存在。相反,他曾暗示过神及神秘之事的存在,只不过他觉得人类的才智还不足以理解和把握这些事。

从康德的故事中,我们可以学到很多。

首先,不要把哲学想象得太过艰深,认为哲学探讨的一定是抽象、专业的事物。研究实际生活中的小问题,也可能造就一门哲学。比如,即便是诸如"通灵和异能是否当真存在?"这样的小问题也没关系。

康德并不仅是站在讲台上教授既有哲学知识的专业教师,也并非埋头钻研于那些对非专业人士而言毫无意义的小问题的偏执者。康德总能抓住那些人们曾心存疑虑却视而不见的问题,然后不断地追问并思考下去。

简而言之，康德做的是前人从未做过的事。因为没有先例和范本，他便只能凭一己之力从头做起。这就是独学。虽然他的身份碰巧是大学教师，但他其实是位独学者。

第二章
阅读难读之书的窍门

1. 随机阅读

（1）挑战难读的书

说实话，在阅读上没必要按照先易后难的顺序，从简单的书逐步过渡到难读的书。一开始就挑战难读的书也没关系。

有些人觉得难读的书不容易读懂，无论读多少也是白费力气。这其实是一种看似考虑效率的"逃避逻辑"。难读的书同样具有阅读价值。倘若你发现自己居然读懂了那些自己一直以来认为很深奥的东西，那么，这说明你完成了一种自我蜕变。

话说回来，如果整部书的内容都十分浅显易懂，那么这部书从一开始便没有什么阅读的意义。大抵而言，人们之所以觉得某部书值得阅读，便是因为书中包含了迄今为止自己从未接触过的知识，或是与自己不同的思考方式、视角等。

因此，不必把难读的书从头到尾弄得一清二楚。只要了解这是一本什么样的书、难易程度如何、内容如何开始又如何收尾的，对我们而言便已是很大的收获。

（2）半路弃书也无妨

我在16岁时曾买过卡尔·西奥多·雅斯贝尔斯（Karl Theodor Jaspers）的《哲学思维学堂》（*Kleine Schule des philosophischen Denkens*）。那是我这个当时只读过小说的乡野少年拥有的第一本哲学书。阅读的过程中，我耗费了极大的心力，到头来却一头雾水。

直到许久以后，我才知道娶了一位犹太女子为妻的雅斯贝尔斯①经历过可怕、残酷的战争，以致其信仰发生了动摇。他用一些具有特殊意义的新词来表达自己的思想。因此，他的文字过于复杂，让人费解。

不仅如此，我还从雅斯贝尔斯等哲学家身上学到，有时候有些人会赌上生命，为全人类呕心沥血地写一本书。

我们在学校里熟记很多名著的书名，往往仅靠书名和简介想象书中的内容。但是，其实际内容却和自己想象的相去甚远。为了更深刻地体会这一点，我们也应该尽可能地多读几本书。因此，有些书读到一半便中途放弃也没关系。阅读之前不妨大致翻看一下图书内容，你会发现，所谓的名著也是良莠不齐的，少不了一些浑水摸鱼的无聊作品。但是，你也可能会遇到真正的经典，并为之倾倒。

---

① 雅斯贝尔斯，德国哲学家，精神病学家，现代存在主义哲学主要代表之一。第二次世界大战期间，因妻子的犹太人身份，雅斯贝尔斯曾遭受纳粹迫害。——编者注

不要片面地认为游历过世界各地之后就会了解世界。翻开古今中外的典籍，你便能得到超越时间和空间、比旅途更美好的体验。

2. 从多种角度理解

（1）阅读，即观看脑中的影像

人们在阅读小说等故事类书籍时，不只是在理解文字的意思，也在实时地观看文字在大脑中形成的动态影像。因此，人们在读爱情小说时会感到怦然心动，而阅读悬疑小说则感到心惊肉跳。

因此，对这类文学作品而言，重要的不是内容和逻辑的正确性，而是精湛的写作技巧和符合剧情需要的文字表现。

那么，如果我们读的不是以娱乐为旨趣的书籍，而是以说明和理解为重点的读物，我们的脑中是不是就看不见影像了呢？是不是只能靠逻辑思考来理解其内容呢?

我并不这么认为。即使是经济类书籍、哲学类书籍或是宗教类书籍,人们也可以将文字转换为脑中的影像,进而理解书籍的内容。当然,与故事类书籍不同,这种"影像"会更为抽象。

接下来,我举个例子说明什么是阅读中的理解。

一般认为犹太人在中世纪时曾受到严重迫害。但并不能如此简单地断言。因为在纽伦堡和法兰克福等地,有一些犹太人依然拥有公民权,有些犹太人甚至与市参事会员具有同等地位。确实,犹太人遭受迫害是从11世纪末开始的,但是整个犹太民族被驱赶至犹太人区,走上苦难之路则是近代以后的事。

阿布谨也《中世纪之窗》(《中世の窓から》)

日本列岛是从什么时候开始出现战争的呢?从绳文时代人骨上留下的武器痕迹来看,战争可能出现于绳文时代晚期。但是佐原真认为"从目前情况来看,尚无充分证据可以证明战争在绳文时代便已出现",这也是现在的主流观点。大规模的环濠集落(周围有壕沟环绕的村落)、武器,以及被蓄意杀害的人骨等,这些明确的战争证据在日本列岛首次被发现,则是在弥生时代。

佐伯真一《战场精神史》(《戦場の精神史》)

文艺复兴运动是一场存在诸多矛盾的反抗运动。这些矛盾来自基督教被公认(313年)成为罗马帝国国教(380年)以后存续了将近一千年的罗马帝国和天主教会的圣俗联合体制。这场运动主张复兴古希腊和早期罗马的政治和社会思想,确保个人自由和各国世俗权力的自主性。这场新的人文主义"烽火"首先在意大利被点燃。

田中浩《欧洲知识巨擘》

(《ヨーロッパ知の巨人たち》)

以上几段文字并不难懂,也没什么生僻字,内容上也是平铺直叙。尽管如此,并不是每个人都能对其理解透彻。

因为,作者预设了读者已经事先了解或知悉文章中的专有名词、地名等。然而,实际上读者可能对这些知识并不熟悉。

(2)准备字典、百科辞典和地图

比如说,很多读者可能对以下知识不太熟悉。

西方对中世纪的时代划分,纽伦堡、法兰克福等城市的地理位置,犹太人或犹太人区的含义,绳文时代和弥生时代的年代范围,罗马帝国和古希腊的年代范围,人文主义的意思,等等。

要了解这些知识就必须查阅字典、百科辞典和地图。换句话说,这些工具书是我们阅读时的必备品。如果不查阅这类工具书,即便你读完了上述文章,实际上也不会真正理解。

对于自己看不懂的东西,人们自然不会觉得有趣。因此，相较于小说和故事，人们可能会觉得侧重于说明和理解的读物比较无趣。明明是自己缺乏理解，却将责任推给了书籍。

人们认为电视等媒体播报的内容十分无聊，也是出于同样的原因。很多时候，观众对新闻内容中的基本用语、术语或者地名等相关知识并不十分了解。

由于缺乏理解，观众无法对媒体叙述的内容进行想象，以至于无法在大脑中呈现相应的影像。因此，他们认为眼前的内容毫无意义，即使看过也不会有什么深刻的印象。

所以，人们才会觉得媒体报道的都是别人的事，与自己并无关系。这并非因为人们冷漠无情，而是他们对世界上发生的很多事情缺乏了解。

除了读书看报，听人讲话也是如此。如果对对方谈论的内容缺乏基本了解，便无法理解对方在说什么。

其实不知道也没什么，主动去了解就行了。

也就是说，你要学会不厌其烦地查阅字典、百科辞典和地图等。现在还有历史地图这样的工具，上面附有历史上某个时代的地理状况、地名或主要历史事件等的说明，查阅起来非常方便。

我们可以把世界地图和相应国家的地图贴在墙上，阅读或浏览新闻时遇到不清楚的地方，可以查看地图进行确认。仅仅做到这件事，我们便能全面、立体地理解书本或新闻里的内容。全面、立体地去理解，意味着我们可以如同亲身经历一般去感受书中叙述的内容。

到那时，即便捧着注解类的书籍，你也能像阅读小说一样，带着兴奋感读下去。

3. 用"观读"之法战胜书籍

（1）先把难读的厚书放在一旁欣赏

　　高价书和经典读本的装帧通常十分精美。其文章词句很少换行，较小字号的字体排版紧密，让人看了喘不过气。

　　即便是翻译书，也有很多生僻字和外来语。况且有的书不仅书名冷硬，章名也很死板，只消一眼就知道这类书不好读。而且，有的大部头书还非常厚重，让人不觉产生一种"只要想到这是自己要读的书，心中便会十分郁闷"的感觉。

　　一般人都会这么想，就连像我这种以写作为生的人也怀有同样的想法。所以，若是遇到这种情况，我会选择去"观读"。

所谓"观读",即先不去认真阅读内文,而是将书放在一旁,远远地观望欣赏。

首先,当你买回来一本看上去很难读的书时,可以先随手将它放置一旁。不要把它放在书桌或书架上"供起来",而是扔到茶几或沙发上。或者,你也可以将书摆放在餐桌上,然后坐在旁边吃麻婆豆腐或咖喱饭。

像这样用一种满不在乎的心态对待书本,不久后,它就会与你的家庭环境融为一体。书本最初给人的那种违和感、盛气凌人之感逐渐淡化,威严略减,散发出一种死心断念之感,"看来我只能待在这个家了"。书给人的感觉会逐渐变得柔和。

(2)以嘲弄的心态对待书

用餐后,伸个懒腰,随手拿起一本书进行阅读。当然,看书的时候最好不要饿着肚子,不妨在酒足饭饱、心情舒畅之时,一边享受咖啡一边读书。

不要在一开始就认真细读,以嘲弄的心态,随意翻一翻便好,如同不良少年逗弄装腔作势的女孩。此外,不要把书本摆放在自己的正前方,最好将它放在一旁,用单手随便翻翻,权作消遣。

或者,你可以把书翻到目录页,这也同样有效。你可以一边清理耳朵,一边斜眼扫视目录页。即便空调的冷风把书页吹乱,你也无须理会。你还可以把酱油瓶摆到书旁。

上个厕所回来后,你可以把书翻来覆去地审视一番,在不造成损坏的前提下,粗鲁地对待它。此时,书的威严已经减半。接下来,你可以大致浏览一下目录页,表现出闲极无聊的样子。

如此反反复复的过程中,你的恐惧感也会逐渐消失。然后,你可以躺在沙发上随意地翻动书页,每页读几行就换到下一页。如此一来,你便能逐渐把握文章的节奏感,简言之,就是文章的写作特点。这就如同看破了对手的出招方式。

（3）以随意的心态去阅读

接下来，将书中第一篇文章和最后一篇文章比较一下，看看它们的风格是否一致。有些书可能开头写得意气风发，结尾却尽显疲态，比如西田畿太郎的《善的研究》（《善の研究》）；也有一些书开头可能写得拖泥带水，结尾却写得掷地有声，比如康德的《纯粹理性批判》。

到了这一步，该书原本的派头已经消失殆尽。接下来，我们就可以先从比较容易阅读的地方开始读起，一点一点地投入进去。不要在书桌前正襟危坐地读书，不妨以一种随意的心态，将读书当作一件顺手之事，轻松地去阅读。

就这样，在几天的时间里，一有兴致就把书翻一翻，不知不觉间，你会发现自己已经读完了大半。读完半本书后，你就可以大致理解该书的主要内容。然后，以玩乐的心态，翻阅一下书末的解说部分。至于剩下那一半内容，轻轻松松就能读完。

用这种"观读"之法,你可以攻克大部分难读的书。

(4) 不好懂的书可能本来就写得不好

即使用上述方法进行阅读,有些书依旧显得晦涩艰深。这可能是因为它们原本就写得不好,要么是书本身没什么内容,要么就是作者阐述时头脑有些混乱。

有名的书并不一定是好书。比如说,尼采的几篇论文就写得不怎么好,但如果将其当作奇妙的虚构故事来读,倒是别有意趣。他那本非论文的作品、有名的思想叙事诗《查拉图斯特拉如是说》(*Also sprach Zarathustra*),恐怕只有熟悉《圣经·新约》的读者才能体味到其中讥讽和诙谐的趣味。

整体来看,尼采的魅力并不在于他那些工整严谨的论文,而在于他在短篇断章中表现出来的自由思想和他对价值观转换的思考方法。

马丁·海德格尔（Martin Heidegger）被誉为20世纪最伟大的哲学家，我对他著作的评价却并不怎么高。因为他的文字总有些虚张声势之感，论述得煞有介事，却总是触及不到核心问题。换句话说，他在写作上有些不着边际，不得要领。他的书中总是堆砌着矫揉造作的语句。无论是《存在与时间》（*Sein und Zeit*），还是《形而上学导论》（*Einführung in die Metaphysik*），都没有精读的必要。

尼古拉·别尔嘉耶夫（Nicolas Berdyaev）的书值得细读。别尔嘉耶夫是19世纪末出生于俄国的哲学家。他的书如今在日本已经不容易买到。他的思想充满了浓厚的人性之爱，对充斥着金钱欲望的现代社会表现出尖锐的批判，能够修正现代人浅薄的思考方式。

此外，像布莱士·帕斯卡尔（Blaise Pascal）的《思想录》（*Pensées*）或者法国哲学家阿兰（Alain）的著作，你可以从书中的任何地方开始读，带着看杂志的心情随意浏览。仅是了解帕斯卡尔"人是会思考的芦苇"这句名言提出的前因后果，你也能有所收获。

艾里希·弗洛姆（Erich Fromm）的每一本著作都非常重要，书中的很多内容即使放在现代社会也依然通用。我发现，他在书中提到的很多问题在现代社会仍未得到解决。同时，阅读他的文章，我们也会深感现代人的思想之狭隘。

维克多·E.弗兰克尔（Viktor E.Frankl）的众多著作如今仍受读者喜爱，而且很多品相良好的书我们在普通书店也能买到。他的书深刻揭示了人类普遍问题的根源为何，也给予了我们生活的勇气。

利用"观读"的阅读方式，我曾经一个星期便读完了一本书，也有花费两个月才读完一本书的经历。无须介意自己花费了多长时间，最重要的是，我们读完了一本"难啃"的书。

当然了，阅读从图书馆借来的书则完全不适合使用"观读"法。因为"观读"是一种通过画重点线或折页角等方式攻克难读之书的方法，可能会对书籍造成损伤。难读的书，最好还是花钱买下。

当然，我们没必要对高价书望而却步。价格昂贵，阅读之后的成就感反而会更加深刻。而且，通常而言，价格昂贵的经典书籍在旧书店里会以低价出售。有时候，这些书不会放在书店内，而是摆在书店外，特价出售。比如"世界名著"系列（中央公论新社出版）。若真是碰到这等福利，你一定要将其收入囊中。

4. 和难啃的书做游戏

（1）不要害怕看似难啃的书

在前面的章节中，我讲到遇到难啃的书，要以嘲弄、随意的心态对待它，这样，不知不觉间你就会慢慢看懂它的内容。换句话说，即便对方看起来不好对付，你也不要畏惧退缩。

人一旦胆怯起来，何止是阅读，什么事都会做不好。体育就是一个很好的例子。选手一旦怯场，以前那些不费吹灰之力便能完成的项目，突然便做不到了。

17岁之前我还会滑雪，但18岁那年的冬天，我突然就不敢滑下陡峭的山坡了。站在坡度仅仅三十度的银白色雪坡顶部，不知为何，我突然感到无比恐惧。明明前一年冬天为止，我还不知道恐惧为何物。从那以后，我再也不敢滑雪了。

读书和滑雪虽然是两码事，但"一旦胆怯就难以克服"这一点是相同的。正因如此，很多成年人选择停留在"自己熟悉的领域"。他们之所以不碰那些难读的书籍或经典读物，便是因为内心的胆怯。此外，或许还有一些功利心在作祟，他们觉得事到如今就算读完了那些书，也不会得到什么实际的好处。

有这种功利心的人会觉得"如果没有好处，没有什么现实的用处，即使参与其中也毫无意义"。没有什么比这种奇怪的价值观更残酷的了。因为，这种价值观最终会导致待人处事原则的变化，即用一个人是否对自己有用来评判对方。

（2）解读本反而比较难懂

如果你有一种积极向上的心态，想要通过独学改变自己,如果你不想成为因循守旧、思想僵化的成年人,那就应该放弃得失利害的算计,躬身拾起那些难懂的书或是至今为止只知书名的经典作品,静下心来好好捧读。

经典书籍其实并不难懂,只是被我们认为很艰深罢了。文字紧凑、篇幅冗长并不代表内容复杂。人们往往认为哲学书籍非常晦涩艰深,除非是专业学者,否则谁也弄不明白,但实际上并非如此。即使缺乏相关背景知识,只要你有心阅读,一般的哲学类著作你也都能读懂。

若说真正难啃的书,那些理当浅显易懂的解读本或删节本反而更难读懂。以我手边的一本解读本为例。

这本《哲学经典101个故事》(《哲学の古典101物语》),书名很有特色,定价也十分低廉,是一本方便使用的参考书。但这本书针对的是那些已经对哲学有所了解的人。对初学者而言,这本书理解起来非常困难。

比如说，其中一篇介绍了西方近代哲学奠基人之一勒内·笛卡尔（René Descartes）于1637年发表的著作《谈谈方法》（*Discours de la Méthode*）。笛卡尔的这部著作之所以闻名，是因为书中有我们听过的那句名言，即"我想，所以我是"。

该解读本首先对《谈谈方法》的整体内容进行了介绍。以下是其中部分内容：

《谈谈方法》的完整译名为《谈谈正确运用自己的理性在各门学问里寻求真理的方法》，该书原本是作者为三篇科学论文（《屈光学》《气象学》《几何学》）所写的序。全书分为六个部分。作者开篇对本书的结构作了说明，按此说明为每部分命题如下：第一章传统学问的批判，第二章近代学问的方法，第三章暂定的道德，第四章形而上学，第五章自然学，第六章未来学问的构想。

作者可能是出于对版面的考虑，用两页的篇幅对这本书的内容做了简要介绍。但是，上述文字不禁让我们觉得笛卡尔的《谈谈方法》似乎是一部篇幅冗长、内容晦涩的专业论著。

那么，实际上的《谈谈方法》到底如何？中公文库出版的日译本，内文不到 85 页，十分轻薄。①

而且，笛卡尔的文字一点也不晦涩。比如说，该解读本的第二部分"近代学问的方法"，开篇内容如下：

那时我身在德国，那场尚未结束的战争把我吸引到了那里。参观完皇帝的加冕仪式之后，在返回军队的路上，冬天开始了，我只好在一个小村子过冬。那里没有分散我注意力的谈话对象，也没有牵挂之事或者情感方面的困扰，我独自一人终日待在有火炉的暖房里，可以利用许多闲暇时间尽情思考……

---

① 商务印书馆 2000 年出版的中译本为 95 页。——译者注

笛卡尔平淡地从自身处境开始讲起，字里行间并无严肃拘谨的论文风格。由此可以看出，他的文字与解读本的介绍给人的印象颇为不同。

关于那句名言，《哲学经典101个故事》这么写道：

> 第四部分讲的是形而上学。那句著名的"我想，所以我是"的原理便出于此。从某种意义而言，这一原理也可以看作近代哲学的出发点。

上述文字不仅没有解释"我想，所以我是"这句话的含义，也没有论述这句话成为笛卡尔哲学原理的原因。其实，决定将这句名言作为笛卡尔哲学原理的，正是笛卡尔本人，并非其他多数学者一致赞同的结果。

至于这句名言提出的前因后果，我们来看看原版的《谈谈方法》中是如何描述的。

> ……既然感官有时欺骗我们，我就宁愿认定任

何东西都不是感官让我们想象的那个样子。……既然如此,我也就下决心认定:那些曾经跑到我们心里来的东西也统统跟梦里的幻影一样不是真的。可是我马上就注意到:既然我因此宁愿认为一切都是假的,那么,我那样想的时候,那个在想的我就必然应当是个东西。我发现,"我想,所以我是"这条真理是十分确实、十分可靠的,怀疑派的任何一条最狂妄的假定都不能使它发生动摇,所以我毫不犹豫地予以采纳,作为我所寻求的那种哲学的第一条原理。[1]

简而言之,笛卡尔的意思是:我们可以怀疑眼中所见之事及其存在的真实性,但是我们不能怀疑"自己正在思考这件事"的事实存在本身。

换句话说,与其看解读本,不如读原著,读原著会了解得更清楚。

---

[1] 译文参考商务印书馆 2000 年出版的中译本。——译者注

但是，我在这里并非有意针对《哲学经典101个故事》这本书，故意挑它的毛病。我只是想通过这一实例来告诉大家，不要将哲学类书籍想象得十分晦涩艰深，与其出于胆怯选择先读解读本或者删节本，不如去直接阅读原著，那会更方便。

（3）试着以自己的方式思考

尝试用自己的思维方式去思考经典书籍中所写的内容。

笛卡尔认为"我想，所以我是"这句话是真理，那你是怎么认为的呢？你完全赞同笛卡尔的说法吗？或者，你是否对他的说法心存质疑，觉得这句话有些奇怪？

也就是说，要和名著经典一起"玩游戏"。

我们大可不必被笛卡尔的名声吓退，认为名家之言必有其超凡脱俗的深远意涵。仔细想想，笛卡尔所思考的东西，其实我们每个人都曾思考过。

"我看见的东西是否真实存在？所有这一切是否都是感官产生的幻影？自我又是什么？自我是肉体还是精神？"

其实，即便不曾进行过独学，你也一定考虑过这些问题。而且，当你年岁渐长，意识到人生快要结束的时候，你必然还会重新思索这些问题。

正如笛卡尔的思考尚存不足，我们也无法思考得十分透彻。即使如此，我们也要用自己的思维方式去思考。

即便独立思考并不会让你得到表扬或称赞，但仅仅为了让自己的头脑更加机敏，你也要试着用自己的方式思考。

多读书，只是让自己变得更加博学多识，并不是独学。多读书最多让你变成"读书家"。互联网上数量众多的读书博客足以证明，这种"读书家"早已多如牛毛。读书后能够以自己的方式思考，才称得上真正的独学。

（4）经典名作不必从头读到尾

尽管如此，这并非意味着我们必须将笛卡尔的《谈谈方法》从头到尾通读一遍。你可以只读上述提到的几段话，然后融入自己的思考就行了。如果所有的经典书籍都要从头读到尾，那估计还没读完一半，人生便已经走到尽头了。

前人并非每位都能为自己提出的问题给出答案，你可能也无法回答那些问题。但是，把那些人生中可能遇到的问题认真思考一下，这可能会成为你改变自我的契机。

无须把这件事想象得过于严肃，不妨将阅读经典作品当作与过去的巨擘们玩游戏，而那些脍炙人口的名言便是你的线索。

比如说，我们如今使用的气压单位是"帕"（Pa），这一单位出自法国哲学家帕斯卡尔的名字。我们可以从他的《思想录》中找到那句名言，即"人是会思考的芦苇"。然后，阅读一下这句话所在的前后文，尝试用自己的思维方式去思考这句话的真正意思。不必拾人牙慧，照搬他人的解释。

释迦牟尼有一句名言，即"天上天下唯我独尊"。其实，只要我们稍稍查阅一下资料，就会发现这句话是后人杜撰的。因此，有些脍炙人口的名言不一定真正出自历史上的杰出人士之口。

了解这些后，我们就会意识到，经典书籍是传播重要知识的素材。

5. 边画线边阅读

（1）画线的意义和作用

读书之时，要一边阅读一边画线。所以我说有些书不能从图书馆借来读，而要自己掏钱买下。

但是，为什么阅读时要画线呢？画线有以下几点意义和作用：

1. 提示重点。
2. 明确作者的主张和要点。
3. 标记疑难问题。
4. 从视觉上加深印象，辅助记忆。

如果你能过目不忘，那自然没有必要画线。但这是不可能的，因此需要在必要之处画线标记。

虽说是在书上画线,但其实相当于在自己的脑中画线。画线可以帮助我们加深印象,并辅助记忆。

(2)画线的技术

因此,我们画线要画得清楚明确。不要使用 HB 规格的铅笔轻轻地画上模糊的线条,而要用 3B 铅笔画下清晰的线条。

另外,为了方便以后重读,要使用不同种类的线。比如说,线的样式有以下几种:

—— 表示论述的重点,或者作者的主张;

～～～ 表示疑点,或是需要日后查阅验证的地方;

| 这个不是画重点的线,而是在横跨数行的长文上方画的线。比如用在作者援引例证的文字上方。你也可以采用其他方式标示,比如弧线或者括号等。

当然,你需要将某种形式的线所代表的意思统一一下,否则会对日后的重读造成困扰。

此外，还有一种特殊的线，即摘要线。日后翻书的时候，只需阅读用摘要线标注的内容，便可以帮助你把握图书的整体脉络。

这种摘要线只应标注在内容转折的重要之处或特别之处。当然，为了不与标示重要性等的一般重点线混淆，你也可以使用蓝色或其他颜色画线标注。

除此以外，你还可以把关键词、作者的特色表达或术语等圈出来，当然，也可以用画线的方式代替。你自己也可以设计几种不同样式的线，但种类过多可能导致版面混乱，反而对阅读造成不便。因此，最多准备三到四种就够了。

（3）画线最重要的技巧

画线最重要的技巧是：读完全书之后再回过头来画线。

也就是说，我们虽然习惯于一边阅读一边画线，但实际上,把几页总结性的章节一口气读完之后再去画线,才是正确的方法。不用把整本书读完后再去画线,而是读完几页总结性的章节后,就回过头去画线。这样可以避免画出多余的重点线。

那些有学识的人中博闻强识的人很多,但这并非因为他们有超凡的记忆力,而是他们在阅读时会以画线的方式做标记。画线能自然而然地加深记忆。

另外,一边画线一边阅读,也省了专门做笔记的必要。如果有什么东西要写下来,直接写在书页上即可。这也是书的每一页都有留白的原因。

(4)做批注的方法

这里所说的做批注不是写下自己的感想,而是写下本书作者与写过相同主题的其他作者的相似观点、对立观点,或者用以参考的其他书的书名或页码等。这时候,你可以标注上"c.f.",以作参考之意。不过,如果你不喜欢这种西式的标注风格,也无须勉强自己。

这些批注并不是完整的文章,而是简短的笔记、语句、术语等。但是,如果你没有准确标注这些内容,日后重读时很容易摸不着头脑。这些都属于很传统的方法。从很久以前开始,人们就是这样读书的。

我在二十出头时读了别尔嘉耶夫的《孤独、爱、社会》(《孤独と愛と社会》),我在该书第28页至第29页读到以下内容,并画上了重点线。

科学性哲学是对哲学的否定,是对哲学所具有的优越性的否定。对情感认知的认可,对基于价值情感、同理心与爱的认知的认可,并不是对理性的否定。[①]

然后,我在这一页的空白处批注了一句话:

---

① 参考冰上英广译本。

Gefühl ist alles.[①]

当时我也在读约翰·沃尔夫冈·冯·歌德（Johann Wolfgang von Goethe）的著作。我突然想起歌德在《少年维特的烦恼》（*Die Leiden des jungen Werther*）中写的这句对白，便用德语写了下来。

这句话自然没有什么特别的含义，纯粹属于我的个人联想。但是，在书页空白处写下这些东西也没关系。做批注的这一行为可以提高人的记忆力，使大脑最大限度地发挥作用。

（5）画线可以帮助记忆

无论你阅读时对一本书的印象多么深刻，如果没有一边画线一边阅读，那么事后你对该书的内容也仅剩一些模糊的印象。反之，如果一边画线一边阅读，

---

① 此句翻译为"感情就是一切"，出自歌德《少年维特的烦恼》。——译者注

事后你可以很容易地回忆起来。

通过画线，你可以为书页增加一点改变。仅靠这一动作，你就会从视觉上对那一页的内容产生特别的印象。甚至，你还会记得它是在前半部分还是后半部分，是在左页还是右页。当然，我们记住的并不仅仅是文章论述的内容。

比如说，你坐在电车里一边阅读一边画线，由于电车晃动，你把线画得歪歪扭扭。这些小细节都会留在你的记忆中。日后看到这条歪歪扭扭的线，你连自己是在哪段路程中阅读的这段内容都能回想起来。

若是阅读时手边找不到笔，我就先把页角折起来，回去再画线。倘若是上半页的内容，就折上方的页角；如果是下半页的内容，就折下方的页角；如果这一页的内容都很重要，就从中间折页。

（6）不买书便读不了书

一边画线一边阅读真的对读书有帮助。因此,读书时尽量不要使用从图书馆借来的书。此外,阅读电脑屏幕上的内容,也很难让人留下深刻的记忆。

图书馆是寻找绝版书,或是寻找自己接下来的目标读物的地方。如果你舍得把钱花在手机或豪车上,却不肯花钱买书,那你几乎不可能把书读好。

如果一个人所处的环境无法让他立即买到所需之书,那么他很难做到独学。即便现在上网买书十分方便,但是书这种东西,如果你不亲自翻看、阅读一下,也无法确定自己到底需不需要它。单看书名就去买书太过冲动,你很有可能会花些冤枉钱。

若你住在文化贫瘠的地方,附近书店摆放的都是杂志或充满偏见的畅销书,则完全无益于你进行独学。这就如同把全世界的丰富食材都集中到荒无人烟的沙漠地区。

毋庸置疑,计算机不会取代书籍,想利用计算机念好书也几乎是不可能的。无论计算机社会如何发展,即便机器可以计算机化,人脑是绝对不可能计算机化的。千万不要被商业广告欺骗了,广告的最终目的只是销售商品而已。

6. 多读几本书

（1）读的书越多，你理解的事情就越多

以前日本人读书时习惯将书上的文章大声念出，这被称为朗读。默读成为普遍现象是最近几十年的事。直到今天，仍有一些老人通过朗读来理解文章的意思。

按以前出声阅读的方法，我们很难快速读完一本书。当然，并不是说快速读完一本书有多厉害。如果没有理解意思，书读得再怎么快也毫无意义。

在日本，一直到昭和中期都流行"书读百遍，其意自现"的说法。这句话的意思是说，如果同一本

书你反复读过多遍,慢慢地自然就能读懂了。但实际上并不存在这种神奇的事。有些书无论你再读多少遍,也不会读懂它的内容。

不过,现在读不懂的书,并不代表将来也无法看懂,有时候我们可以通过阅读其他的书来理解之前读不懂的书。因此,为了多读几本书,快速读完手头的书就显得非常重要。

(2)学速读法只是浪费时间和金钱

我在这里并不是要大家先掌握速读法。因为,书读得多了,读书的速度自然而然会变快。因此,速读的诀窍就是大量阅读。

其实,相较于自然而然地进入快速阅读阶段所需要的时间,学习速读法需要花费的时间和金钱要多得多。

如果你用一两个小时可以读完一本250页左右的书,那你的阅读速度已经不慢了。如果是小范围的速读，大概只需几秒钟的时间，你就可以理解两个对开页面的内容。这种速读法适合在书店买书的时候使用。

阅读速度快的人，并非每一种书都可以快速读完。根据书的内容和写法的不同，人们阅读的速度也会发生很大的变化。结构简单、内容不太复杂的书，人们或许可以读得快一些；但若是内容艰深、需要静心思考才能读懂的书，则需要认真细读才能读懂。

无论读得快还是读得慢，人们阅读的目的都是正确理解书中的内容。若是不能充分理解书中的内容，读得再快也毫无意义。

（3）多读书的效果

读书时，对书本内容的理解与个人的心理状态密切相关。情绪激动或心情焦躁时，即使强迫自己阅读，也无法充分理解书中的内容。在时间充裕、心情舒畅的状态下阅读则有利于理解速度的提升。

因此,最好在忙完一天工作的夜晚或节假日读书。此外,相较于在早上或中午阅读,在睡前一两个小时读书更有利于记忆。当然,嗜酒之人经常失去这种机会。

书读得越多,知识就会越丰富。此外,多读书还有其他附加好处:你对一切事物的理解速度会越来越快。

阅读有助于增加个人词汇量。由于从书中学习了各种理论和论述方法,我们对现实生活中各种事物的结构和机制的洞察力也会提升。同时,面对实际状况时,我们不会惊慌失措,不会轻易被情势左右,能够冷静地做出判断。

另外,读书也会提高我们的文字表达能力。专业写手对文字的驾驭能力便是通过大量阅读训练出来的。他们的书房里堆满了书籍并不仅仅是因为他们爱书。

其实,我们没必要腾出一段时间专门用于阅读,忙里偷闲读几页书就行。整日在如何管理时间上绞尽脑汁是愚蠢的。正所谓"知难行易",凡事无须多想,立刻行动起来才是上策。

7. 阅读可以改变世界

（1）我们总把虚构当成事实

很多人常常会将传闻、谣言或虚构之事当成事实。

比如说，一些日本人常常认为历史剧中的日本与数百年前日本的实际情况并无二致。或者，他们相信当时的生活就像历史小说中描写的那般。

武士道便是一个典型的例子。很多日本人认为虽然有的武士走上邪途，但大部分武士是自尊自傲、秉性高尚、讲求仁义的。以前的平民百姓则纯真质朴、爱好和平。那时的生活比如今更加悠闲惬意。

我以前也是这么认为的。然而，接触了一些历史类书籍后,我才意识到,自己长期以来对武士道所持有的模糊印象不过是掺杂着各种传闻的虚构之事。读了江户时代的武士日记后,我才知道那个时代弥漫着腥风血雨,交织着贪婪与残忍。

除非有时光机,否则我们无法回到过去的世界。因此,我们只能凭空想象。但这种想象是以理想、憧憬和意念为核心拼凑起来的,因此会被美化。

藤泽周平的历史小说相当精彩,但他所描绘的其实是现代社会的人,只不过被敷上了名为"历史"的脂粉。当然,他本人也承认这一点。他所描写的并非江户时代日本的真实样貌。

(2) 16世纪日本人的真实样貌

难道我们就没有办法去了解真实的过去了吗?这倒未必。我们虽然没有过去的影像,但有过去的文字。有几册书籍记录了当时的社会状况,其中最重要、最著名的是路易斯·弗洛伊斯(Luis Frois)

留下的大量记录。

路易斯·弗洛伊斯是一位葡萄牙天主教传教士，他在16世纪来到日本，并在日本居住了三十五年。他详细地记录了日本与西方国家的不同之处，并写成报告。部分内容被收录于岩波文库。

我摘录了其中几段文字，内容如下。括号中的内容是译者的注释。

我们认为散步是绝好的保健活动，不仅有益健康，还能排解烦闷。日本人却完全没有散步的习惯，他们对此感到不可思议，认为散步是为了应付工作，为了表示忏悔才做的事情。

我们把违反教义的人称作背教者、变节者。但在日本，即使任意变节也不会伤及名誉。

对我们而言，没有通过考试而从事医生这一职业的人会受到惩罚，不能治病救人。但在日本，为了生计，只要想做，谁都可以当医生。

在欧洲，人们往往踏着平地步行走进家门；在日本，人们则用木头和石头建桥过河。（路是弧形的，住房门前有沟壑，因此人们会在家门前搭设小桥。）

我们认为海中精灵和人鱼等都是虚构的。他们却相信海底存在蜥蜴王国，相信蜥蜴可以理性思考，能救自己于危难之中。

此外，弗洛伊斯就日本人对杀人一事的看法进行了调研，其观察报告足以颠覆我们对日本往昔状况的一般印象。

对我们而言，没有权限或司法权限的人是不能杀人的。但在日本，任何人都能在自己家里杀人。

对我们而言，杀人是件极为恐怖的事，但杀牛、杀鸡、杀狗等事并不恐怖。然而，日本人看见动物被杀会深感震惊，对杀人之事却觉得稀松平常。

我们认为，偷盗的财物若没有达到一定数额，则不能判人死刑。但在日本，不管偷盗的金额是多是少，偷盗者都会被处死。

我们认为，杀人者如果有正当理由或是为了自卫，则不会被判处死刑。但在日本，杀人者必须偿命，如果他不出面自首，则有人代他受死。（日本中世法律规定，杀人者需交到被害人一方，由对方处死。若无法找到杀人者，一般是父母子女代其受死。）

从这些只言片语中，我们应该能看到，真实的日本与历史剧中有着美好形象的日本相去甚远。生命轻若鸿毛，或者说，杀人和死亡如同家常便饭。

也就是说，我们幻想的过去其实来源于缺乏根据的传闻，以及被后世的虚构故事所歪曲的刻板印象。弗洛伊斯的这本薄薄的平装本，短短几行文字就打破了人们的幻想。

（3）世界观改变之时

阅读的过程中，我们对世界和历史会有新的发现，世界观也会随之发生变化。同时，这也是成为新的自己的蜕变过程。

我们在学校学习很多东西,但实际上不是真的在学习。我们记住的仅仅是各种条目和名称,并对其加上自己的臆测,从而想象现实中并不存在的世界和历史。

如果认为只记住条目和名称就够了,那你会将自己充满偏见的幻想当成现实。若是不满足于此,迈开步伐去接触真实的事物,你眼前的世界会呈现出全新的一面。无论什么都好,记录现实的原著能超越任何蹩脚的想象。

虽然在某些场合读一些解读本也是必要的,但无论如何,你也要找机会去接触原著。如此一来,你才会懂得自己过去不懂的事,才能看见新世界的地平线。

第三章 提升修养

1. 何谓修养

（1）知识并不等同于修养

什么是修养？关于这一问题，不同的人有不同的见解。这些见解虽然在细节上存在些微差异，但在本质上存在共通性，即修养以知识为基础。

但是，一个人有知识并不代表他就一定是有修养的人或有文化的人。即使从事学校工作或研究工作，倘若平日里行为卑劣，他也完全称不上是有修养的人。

因此，"修养"一词并非是一个独立的概念。当一个人的现实行为背后有智慧作为支撑时，才能说他是一个有修养的人。

（2）更好地生活

因此，"提升修养"并非只能靠努力学习，我们也要在现实生活中活用知识和智慧的力量。对一个人而言，无论其学历有多高，如果存在侵占或性骚扰的行径，那他绝对称不上是一个有修养的人。这本是理所应当的道理，但在现实生活中，仍有很多人根据学历、头衔来胡乱评判一个人的修养程度。

近些年的出版物上常常印有作者的头衔，但这只不过是一种利用头衔增强书籍内容可信度的手段。换言之，这代表在出版商眼中，读者是根据作者的头衔决定买书与否的。

那么，有修养的人能否为他人提供帮助呢？有修养的人之所以被称为有修养的人，是因为他们能根据当时的情况设定最佳行动目标。他们会亲身践行更好生活的理念，从这一意义上来影响他人，为社会做出贡献。有修养的人虽然并非楷模，却有助于将人性之善化为现实。

（3）不要把知识当工具

我觉得那些为了考证或就业而进行独学的人都是拙劣之人。我之所以这样说，并非因为他们自私，而是他们把知识当作了工具。

恶人的特征便是把知识工具化。比如说，想通过诈骗赚取钱财的人会学习心理学，他们把心理学当作工具，这是对心理学的滥用。许多知识都会被人滥用，利用核裂变原理制造核弹便是一个大家都熟悉的例子。

对于那些为了某种目的而把知识当工具使用的人而言，知识与自己的生活方式和行为毫不相干。因此，他们不会成为有修养的人。他们往往认为，所谓的"善念"，只不过是自己诸多观念中的一种，与自己的现实生活无关。他们甚至不会意识到这种观念其实是有违人性的。

如上所述，修养除了以知识为基础，还有不断向自己提问的伦理方面的特征。"有修养"并非一种阿谀奉承的表现。

2. 基础的修养

（1）某评论家的无知

某位知名评论家在周刊杂志上连载一篇文章，通过援引外国新闻来解读世界。翻开 2005 年 6 月 17 日的那篇文章，他先是放了一篇在法国发行的英文报纸《国际先驱论坛报》（*International Herald Tribune*）某篇报道的译文，译文之下便是这位评论家的解说文章。

下面为解说文的部分摘录。第一个括号内的文字是这篇报道的译文，下面则是那位知名评论家的部分解说文。

（这场并购战正如大卫对抗歌利亚的故事。年轻一代对抗老一辈，穿着随意的能干创业者对抗西装革履的企业经营者，新世代的日本对抗已近暮年的日本企业。）

这句话援引了牧羊少年大卫打败了巨人战士歌利亚的希腊神话，来解读代表新世代的堀江社长和保守的Japan Inc.'s old guard（日本企业的守旧势力）日枝会长的对比……

这位评论家自恃拥有国际视角，精通英语，将自己归于评论大家之列。但是，从上面的解说文来看，他误以为报道所引用的例子——大卫与歌利亚的战斗——源于希腊神话，所以才写出上述文字。

希腊神话不过是将古代众神拟人化的故事集，大卫和歌利亚都不是里面的人物。大卫与歌利亚的那场著名战斗出自《圣经·旧约·撒母耳记》上卷。如果报纸上的这篇文章不是某位欠缺修养的"代笔"代为书写的，那就说明这位著名评论

103

家缺乏基础修养。

即便如此,难道编辑和出版社的校对人员都没有发现这处明显的错误吗?抑或,他们虽然注意到了该错误,却碍于身份而没指出来?无论哪种情况,他们为读者提供了错误的信息,这一点是毋庸置疑的。

(2)有的文化,底色中蕴含宗教元素

在观看带字幕的外国电影时,也经常会看到类似的错误。比如说,把神父和牧师搞混淆。此类错误往往是由于字幕翻译者或相关工作人员欠缺基础修养。

缺乏修养的大学教授也并不少见。比如,某本哲学百科辞典的袖珍版居然把基督教的"圣灵"写作"精灵",而这本辞典的编者竟然还是几位东京大学的教授。

这些错误有个共通之处,正如你所见,它们都涉

及宗教。很多日本人缺乏宗教常识。因为弄错的人实在太多，以至于谁都没有意识到那是错误的。

日本人普遍认为，没有必要对宗教了解得太深。虽说没必要了解太多，但至少要知道一些这方面的基础知识。因为，有的文化，底色中有宗教的影子。

即使是好莱坞的娱乐电影，其底色中也蕴含了宗教元素。以那个热衷冒险的考古学家的故事，即"夺宝奇兵"系列为例。在某段剧情中，哈里森·福特（Harrison Ford）饰演的主人公印第安纳·琼斯要寻找一个"法柜"。

那么，法柜是什么呢？它是一种宝物吗？并不是。"法柜"是存放先知摩西从耶和华那里得来的两块"十诫"石板的箱子。换句话说，该电影预设了观众知道《圣经》中的这则故事。

话说回来，在好莱坞从业人员之中，犹太人占绝大多数。因此，我们在好莱坞电影中几乎不会看到侮辱犹太教的内容。考虑到这些问题，字幕翻译者或电影评论家有必要了解一些宗教知识。但现实并非如此。他们依然被视为专业人士,是因为日本观众看电影只是看个热闹罢了。

(3)了解基督教有助于读懂哲学

在学问上,很多欠缺宗教知识的东西反而显得难懂,比如哲学。很多人觉得哲学很晦涩,就连专门从事哲学研究的大学教师也这么认为。这一点从他们写的书中就能看出来,他们的书非常晦涩艰深。认为哲学很难懂的人自然会把哲学写得更难懂。

为什么他们认为哲学很难懂呢?因为他们不懂宗教,欠缺宗教方面的知识素养。如果了解了知识背后的宗教因素,哲学就不会显得那么艰涩了。无论是康德、海德格尔,还是尼采、萨特(Sartre)等,他们的哲学并非十分难懂。

哲学归根结底就是一种探知事物本源的努力。哲学家非常清楚,宗教将神置于万事万物的源头,并以此观点看待世界。但哲学家并不依赖宗教,他们试图靠自己的力量来重新解释之。

换句话说，哲学家意欲变成神的对手。犹如那位浮士德博士[①]一般，为了了解一切知识，即使将灵魂出卖给魔鬼，也在所不惜。相较于其他一般学问，哲学与宗教的联系更为密切。如果连这些都不了解便轻易地去接触哲学，那很难不把它当成一门晦涩难懂的学问。

其实，不仅是哲学，宗教与艺术也是紧密相连的。如果不了解基督教，就无法感受到巴赫（Bach）音乐的卓绝和精妙；不了解《圣经》的内容，就无法理解达利（Dali）的绘画作品，更遑论贝克特（Beckett）或格林（Greene）的文学作品了。

人类所使用的所有文字表达形式，在《圣经》中几乎都能被找到。只有了解西方宗教的人，才能体

[①] 来源于德国作家托马斯·曼（Thomas Mann）于1947年出版的长篇小说《浮士德博士》。作品讲述了主人公阿德里安·莱韦屈恩为了追求"真正伟大的成功"而与魔鬼做交易，终致崩溃疯癫的故事。——译者注

味西方诗歌的荒诞、颓然之感。总而言之，西方大部分文化的根基都源于宗教，更确切地说，是以《圣经》为前提。

第四章 外语独学术

1. 首先要正确使用母语

（1）说不好母语，外语也几乎不可能学好

粗俗之人说粗俗的话，暴力之人说暴力的话，轻浮之人说轻浮的话。

一个人使用的语言，会如实地表现他的思考和行动。一般来说，生性怯懦之人会比生性要强之人用到更多柔弱胆怯的词语。

思维和言行之所以密切相关，是因为人类可以使用语言思考和判断问题。因此，我们可以用语言来打动他人。

很多人认为自己能近乎完美地使用语言，但倘若让他们写一篇仅有 200 字的小作文，能够做到一字

不差的人，可以说少之又少。也就是说，很多人连自己的母语（此处指日语）都无法用得尽善尽美。

这些人即便每周去外语培训学校上几天课，也无法把语言学好。

话说回来，那些将日语掌握到八成的人去海外留学，即使认真学习外语，最多也只能学到六成。换句话说，外语表达能力只能达到自己母语表达能力一半以下的水平。

（2）外语不是那么容易学会的

即便对留过学的人而言，学外语也并非易事，更何况是那些利用下班时间去外语培训班学习的人。他们觉得通过每星期几个小时的学习，自己便能很快掌握一门外语，变成"国际人才"，这几乎是不可能的。很多外语培训班打出此种广告招揽学员，绝不是为了学员好，只是为了赚钱罢了。

但是，我并不是说所有的外语培训班都是这样。

某外语培训学校一个月的学费超过100万日元（约5万人民币），如果是在那里上课，则另当别论。他们采用一对一辅导，从早到晚每天都有课。如果能在这样的学校学习一年并取得优异成绩，便能练就考上外国大学的实力。

那么，学外语的首要条件是要有钱吗？从某方面来看，这点毋庸置疑，即便如此，本人仍需要付出极大的努力。

可能有人会想，为什么不先去国外，然后找个外国恋人，一边开心度日一边让对方教自己外语呢？这样岂非既便宜又方便？其实，开高健等作家在随笔中早已提到过这种方法。

然而，这一方法说起来容易做起来难。首先，你的恋人不一定是拥有外语博士学位的优秀人士。如果对方并非专业人士，那你能学到的外语会十分有限。最终，你从对方那里学到的仅是某种程度的说话习惯。不过，要学习真正标准的外语，通常需要付出极大的努力，比如搞砸你的恋爱关系。

总而言之，没有坚持下去的毅力和超乎寻常的努力是无法真正习得一门外语的。即便付出了极大的努力，你的外语水平恐怕也只能达到母语水平的六到八成。换言之，如果一个人没有丰富的阅读经验，母语表达能力只能做到差强人意，成绩平平无奇，那么对其而言，掌握一门外语并非易事。

即便你从小培养孩子学习外语，也不会获得太大的成效。孩子顶多学到掌握"苹果"正确的英语发音的程度。毕竟，孩子的词汇量有限，新学的外语无法超过自己母语的水平。

让我们回到中心议题。我想你已经明白如何更容易地掌握一门外语了，那就是首先学好自己的母语。

实现这一目标需要大量阅读。如果仅是翻阅一下内容粗疏的杂志，观看那些把"初体验"念成"はつたいけん"的电视节目，那你是永远无法学好的。

2. 培养对语言的品位

（1）对语言整体的强烈关注

要学习外语，有语言品位是最好的。若对语言有品位，你进步的速度会提升。

所谓语言品位，就是对语言整体的强烈关注。稍微聊上几句话，你就能知道对方是否有语言品位。因为，有语言品位的人遣词造句恰到好处。

没有语言品位的人很容易暴露自己的说话习惯。比如说，无论谈论任何话题，他都喜欢用特定的说辞来应对；他的大脑里只有几种固定套路的表达方式，即逻辑性差。

这种人的思维方式只有固定几种模式。因此，他很难理解外语的异质思维和外语特有的表达方式。总而言之，偏执顽固的人、任性放纵的人、无仁慈之心的人，其语言比较贫乏，思维也比较狭隘。

（2）有语言品位之人的特征

有语言品位的人一般具备以下特征：

1. 说话时，会尽可能以对方能清楚理解的方式来表达。那些明知对方只能听得懂普通话，却还一个劲儿地用方言与其交谈的人则是反例。

2. 非常关注语言和语言的使用方法，能够迅速掌握对方的语言特征。比如说，在与人聊天时，能很敏锐地捕捉到对方的说话习惯、词语罗列方法、得出结论的路径、话语的长短及发音的感觉等。

3. 对各种语言的文字形状、语序和发音等都感兴趣，并能察觉出各个语言的区别。因此，他们基本上仅凭声音就能辨别电影和电视剧中的人说的是何种语言。

4．遇到疑问会毫不犹豫查阅字典或百科辞典。因为致力于追求语言的准确性，因此，他们了解书写和发音不一样的情况不仅出现在英文之类的外语中，母语中也存在这种情况。如觉得日语中的"十回"读作"じっかい"，十分有趣。

5．想了解身边常见的外语是什么意思，或者，知道某些外语的书写是错误的。同样，也能马上认出母语中的书写错误。

6．喜欢用原语言观看外语教育电视节目中的外语课程或收听卫星转播的国外新闻广播。虽然喜爱程度不同，但基本上对各种外语都感兴趣。

如果对语言没有品位，那学习外语便如同身处地狱。但是，觉得用外语说话很帅气则与语言品位毫不相干。

3. 学外语的诀窍

（1）首先要整体把握

如果真心想学好一门外语，买本初级入门书从基础知识开始慢慢学习，这种方法太过缓慢，实在谈不上高效。有些语言培训班或培训学校采用的便是这种方法。

但是，这种方法犹如在无边无际的幽暗森林里摸索前行。努力学习却不知道前路如何，无法预测整体状况。这会令人痛苦不安，很容易中途受挫。

为了避免发生这种情况，我们首先要把握这门外语的整体情况。具体做法是花两三天时间找本语法书读一下。

你可能觉得对初学者而言,即便看了语法书也完全读不懂。就算确实如此,还是要把整本书通读一遍,这么一来,你就会知道自己现在掌握了哪些知识,掌握到什么程度。这就如同在地图中确认自己的位置一样。如此一来,学习中时常泛起的"无头苍蝇"之感便会逐渐消除。

通读一遍语法书不仅是为了消除不安。反复阅读几遍后,你能渐渐地掌握这门外语的特征。比如说,如果你学习的是法语,你会发现法语里对时间的感觉与日语相当不同;倘若学习的是德语,你会发现德语中动词的形态和位置不同于英语。

如果这些语言的特征能够挑起你的兴趣,那这就是你坚持下去的动力。不仅是外语学习,在任何事情上,"深感有趣"能有助于促进学习的持续与深入。

(2)把词典当读物

买词典要买例句丰富、内容翔实的词典。释义简单、内容单薄的词典是为专业学者准备的。也就是说，对一般人而言，内容翔实的高价词典才是最有帮助的。而且，虽说是高价，也不过相当于一条牛仔裤的价格。

词典不仅用于查阅词语，也是一种读物。比如说，通过查阅词语的音标和重音符号、了解词源、掌握词义范围、培养语感、阅读例句等，你便能明白相应词语的使用方法和适用情境。

如果通过阅读词典，对某一词语有过仔细研究，那么你对它的印象就会非常深刻，几乎不会忘记。如果仅了解词义，而不阅读例句的话，你会很容易忘掉，以至于日后就同一个词反复查阅。无论从记忆上看，还是从时间上看，仔细阅读词典都是最经济的做法。

因此，记词语时无须死记硬背，只需要延长与其"初次见面的时间"即可。有些考生反复地翻看自己的笔记本，但其实这是最没效率、对记忆最没有帮助的一种方法。

记住的词语越多，你就越能体会到语言的妙趣。

即便不怎么熟悉文法，你也能通过词义推知文章的大概意思。没有什么比"懂得"更能给人带来深刻的乐趣了。

（3）不全心投入，你就无法成功

除此之外，你还需要全心投入其中。如果不全心投入到觉得自己像个傻瓜的程度，那么你很难达到自己理想的水平。老师讲得不好、教材编得不好等不过是推卸责任的借口。重要的是，不要把时间浪费在毫无意义的事情上，而要全身心地投入学习。做梦都在学习外语，感觉某一个文字看起来很奇怪……投入到这种地步，你才会真正有所突破。

有的人说："去国外旅行时不用依靠翻译就能买东西，能和别人简单地聊上几句，我只要做到这种程度就行了。"说这种话的人恐怕不太了解，想要在国外和陌生人顺畅地交流，你需要具备的会话能力远远比上外国的大学所需的语言能力要高得多。

因为这代表你可以用外语思考问题,无须看字幕就能理解外国电影的内容。进入国外大学学习了两年半之后,我才达到这种水平。

4. 把阅读放在首位

（1）阅读力是学习外语的基础

在外语学习方面，你越是努力，所收获的成效就越大。不管用何种方法，只要你脚踏实地地认真学习，便能真正学到东西。

没有什么方法普遍适用于每个人，也并非要把外语说得像母语人士那样标准，学习才有意义。那些似是而非的主张不过是商业性的广告词罢了。

比起练习一些没有意义的对话、盲目地学习像外国人一样发音，提升自己的阅读力其实更为重要。

阅读力是理解外语的基础。除了工作外，阅读力可以在日常生活中的各种场合发挥作用。

在任何情况下，能够快速看懂国外新闻的标题、报道，或是能快速掌握外文说明书的要点等，拥有这些能力皆有意义。

即使去国外旅行，比起并不熟练的会话能力，正确理解文字内容才更为重要。比如说，能否看懂告示板上的注意事项或者餐厅菜单，只要考虑一下这两种情况的差别，你就能马上明白。如果打算用电脑与世界交流信息，读写能力更为重要。

（2）读不懂就说不出来

即使一个人的外语发音不错，如果所谈内容过于贫乏，那也没什么意义。倘若想进行一些有内容、有深度的对话，自然需要具备理解有内容、有深度的文章的能力，这是理所当然的事。外语也是语言，因此重要的不是发音，而是意义，是说话的内容。

德国菜中有道有名的配菜，叫德国酸菜（Sauerkraut），这是一种用醋和卷心菜腌制而成的菜，一般做成罐头。我曾在几家提供德国菜的日本餐厅点了这道菜，但得到的都是从罐头中取出直接盛在盘子里的东西。

这种酸菜触感冰冷、口感粗硬，只是单纯的醋泡白菜而已。真正的德国酸菜并非如此。地道的德国酸菜软糯、黏稠，带有些许甜味和酸味，是一种温热的配菜。这是因为在德国，餐厅会把罐头酸菜用白葡萄酒炖煮。

日本的餐厅显然不知道地道的德国酸菜的做法。换言之，他们只是根据照片做出与其外观相似的菜，并没有阅读基本的食谱。其实，在德国也有这样的日本厨师，他们并没有认真去学习如何正确读懂外语，而是凭借粗略推测，把看起来相似的东西当作外国菜带回了日本。

日本人学习外语时，往往在听力、口说、写作等方面表现较差。其实无论哪个国家，人们在外语学习上都会面临这样的问题，并非只有日本人存在这种失衡情况。但如果缺乏基础的阅读能力，口说能力和写作能力自然不会有所提升。

（3）总之要大量阅读

快速提升阅读力的唯一途径就是持续不断地大量阅读。母语学习同样如此，书读得多的人对文章的理解力会变好，阅读速度会变快。因此，比起硬着头皮阅读那些味同嚼蜡的新闻报道，阅读自己喜欢、熟悉的杂志或书籍自然要顺利得多。那种专为初学者写的入门教材内容过于简单，容易使人厌烦。所以，要尝试阅读真正的文章。

一般来说，由于不懂语法，初学者很难看懂文章的内容。但即便如此也无妨，只要拥有通过阅读了解文章内容的欲望，一边查字典一边阅读便可以理解文章的大概意思。可能有人会觉得这种方法不太成熟，但倘若想尽快熟悉一门外语，这是最简单的方法。而且书读得越多，你的阅读速度提升得越快。

用自己的方式读到一定程度后，你对阅读的兴趣会更加浓厚，也会对自己越来越有信心。一旦到了这个阶段，你的听、说、写等能力会进步得更快，这种做法要比从一开始就同时兼顾四种能力更加高效。

5. 理解外语的逻辑思路

（1）只靠习惯是学不会的

很多人说"学习一门外语就像养成一种习惯"，这是什么意思呢？

简而言之，就是增加使用外语的时间，只不过换了一种说法罢了。这是理所当然的事情。

那么，为了多接触外语，有必要去美国、法国、德国生活一段时间吗？如果一个人能积极地与当地人交流，口语自然会提升到一定水平。在日本人看来，他的发音、腔调或许可以与外国人媲美。即便如此，依然不能说他已真正掌握这门外语。

可惜的是，那些因长期居住在国外而说得一口流利外语的人，他们的外语能力大多很弱。他们既没有写出较好文章的能力，也无法正确理解新闻报道的内容，其外语实力顶多是小学三年级的水平。在六本木等地经常和外国人交流切磋，同样可以达到那样的程度。因此，学习外语的诀窍绝不是"习惯"。

外语并非简单地只靠"习惯"就能学会。与日语一样，其他外语同样复杂、深奥。因此，"只要……就能轻松习得外语"不过是虚假的广告词罢了。

对独学者而言，外语并非装饰，也并非时尚，而是一种工具，是帮助我们正确理解外文资讯、掌握翻译无法呈现出来的原文语感的工具。

既然目的如此明确，就有必要根据目的制定学习方法来掌握外语。也就是说，要避免那些无效的、迂回的学习法。具体而言，学习可以读懂资料、论文的外语是最直接的方式。

（2）"学外语先从会话学起"的观念并不正确

我们对外语学习有一个很大的误解，总认为日常会话要比阅读外语新闻和论文简单。这个误解又衍生出另一个更大的误解，即认为日常会话应该是最基础的。

事实正好相反。与活生生的人对话，充分体察对方的心思，比理解新闻报道或论文要困难得多。

同样道理，阅读外文小说要比阅读外文论文困难。因为小说的文体独特，语汇丰富，一字一句皆存在多种含义。在小说中，作者所选词句往往有着丰富的内涵，其所描述的内容本身可能并非文章的旨趣。而用少量词汇表达丰富情感的文体，则以诗歌为最。

无论何种语言，那些在语言方面具有高度艺术性、存在微妙的语感差异、以丰富的文化背景知识为前提，以及与感性相关的东西，是最难理解的。

相比之下，一流报纸的新闻报道或评论，以及论文等则比较容易理解。除非作者写得过于拙劣，否则文章的逻辑大都一以贯之，主张和要点都很明确。

这类文章中虽然有很多经济、政治方面的用语及专业术语，但基本语汇并不算多。而且，其表达方式也不像文艺作品那样曲折迂回，经常使用固定的句式，文章结构和表现方式也都比较简单，更易于理解。

（3）掌握句法结构

讲到这里，外语学习的顺序其实已经不言自明了。首先要学习句法结构，即理论性文章中常常使用的句式。比如说，"基于上述分析，可以得出以下结论"的表达方式，便是这类文章常用的逻辑模式框架。

我们可以通过阅读句法集方面的书来学习这种句法结构，也可以翻看一些附有详细注释的外文报纸。

句法要比术语重要得多，因为它左右着文章的主旨和结论。即使知道句法中名词或术语的意思，如果不懂句法，你也很难理解文章是如何论述、如何得出结论的。

因此，学外语最重要的是学习句法结构。不过，学习句法结构并不是把它抄写在笔记本上，每天翻阅"背诵"，这种死记硬背的方式很没效率。利用这种方式记忆，你很容易忘记自己背过的东西。用一种适合自己的方法，让知识逐渐"渗透"到大脑中，远比死记硬背更有助于记忆，而且不容易忘记。

你可以写几篇包含该句法的短文。用一个句法造三十个句子后，你就能记住这一句法。接着用这种句法写二十篇短文，你就会彻底掌握它，并且不容易忘记。如果你一天想学习十个句法，最多只需要写二三百篇短文。不必正襟危坐地伏案写作，仰头坐在沙发上，像玩游戏一样去做这件事，你就能学会。

这样学下来，你对句子的结构和文章的逻辑会更加敏感。换句话说，无论是自己说的话还是他人的观点，你将能够比以前更清楚地感知话中的逻辑，磨炼出对语言的敏感度。

当然，你的遣词造句也会比以前更加精确。这就是为什么那些对外语掌握到一定程度的人，他们的发言大都可以直接整理成文章。相反，那些对外语不怎么感兴趣的人，他们的母语水平也相当一般。只要注意一下日本电视节目中嘉宾的发言，你便会清楚地发现，大部分通晓外语的嘉宾，其母语说得也非常优秀。

（4）把握核心概念

在日本，很多外语初学者往往会产生一个误解，认为每个外语词都能置换为相应的日语，比如说，认为英语"run"在日语中对应的意思是"跑"。他们常常依赖简易的英日词典来理解英语。

说实话，日语中确实没有完全吻合英文"run"

的文字。"run"表达的是某种持续、流动、延绵性的状态，日语中没有哪个词能包含上述所有意思。所以英日词典中才会存在很多解释。刚刚所说的"跑"，并非词典中"run"最具代表性的意思。

每个词都有其各自的概念，且概念的界定并不十分严谨。犹如越接近中心越浓的雾一般，有人称之为"核心概念"。一旦掌握了每个词的核心概念，你对外语的理解力将会出现跨越式的提升。对英语初学者来说，最重要的是掌握前置词的核心概念。

要想学习核心概念，最好请那些训练有素的优秀外籍教师亲身教授。可喜的是，现在NHK教育频道的语言节目也提供这方面的教学。不光是外语教学，教育频道还提供了很多高质量的节目。如果能认认真真地跟着学习，你收获的修养和知识将远超如今大学生的水平。

（5）学习该国文化能提高外语学习速度

外语的核心概念也存在于名词中。比如"犬"这个字。无论是在英语还是德语中，这个字都不只是单纯地用来表示一种动物种类。除了憨厚、可怜等一般概念外，"犬"还有"异教徒"之意。就像日语中，"犬"有追随者、爪牙等的意思。

名词的核心概念是在时代、文化和历史等多种因素的影响下形成的，而且会发生变化。除了语言知识，倘若缺乏宗教、历史方面的知识和修养，你也很难准确把握某个词语的核心概念。如果有知识修养，你会知道"白象"（ホワイトエレファント）的意思不只是"白色的大象"，还用于指代那些华而不实、毫无用处的礼物。

一个人的知识修养越丰富，对外语的理解就愈加正确、深刻。因此，成年后再学习外语，非但不值得气馁，反而更有优势。因为语言学与数学不同，并非只能靠经验的积累，理解才是关键。

因此，并不是只专心学习一门外语，就能学得更快。同时阅读多本书、增长知识、提升修养等反而更有利于提升外语学习的速度。毕竟，外语也是一种外国文化。

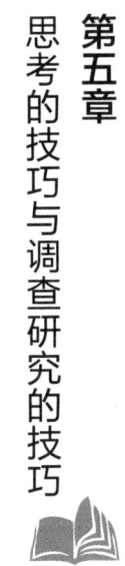

第五章
思考的技巧与调查研究的技巧

1. 一切论点都只是假设

（1）别盲目深信名家名著

为了学习而阅读名著是很好的，但不应对其内容完全相信且全盘接受。

因为我们无法断言，那些知名学者的观点一定是正确的。但在现实生活中，很多人总是毫无来由地相信所谓的名家之言，并对其深信不疑。

马克斯·韦伯（Max Weber）是经济史和比较社会学领域的一位著名学者。其1905年发表的《新教伦理与资本主义精神》（*Die Protestantische Ethik und der Geist des Kapitalismus*）一书因阐明了资本主义产生的秘密与动机而广为人知。

根据韦伯的学说，基督教新教中加尔文教派的清教徒们倡导禁欲式的劳动，从而奠定了资本主义产生的基础。

一般认为，基督教新教是 16 世纪中叶一位名叫马丁·路德（Martin Luther）的修道士在德国创立的。新教（Protestantism）原意为反教皇主义，主张每个人都可以直接与上帝对话，无须通过教皇或神职人员以求得救赎。简而言之，就是反天主教。

（2）韦伯的学说是否正确

上述主张被后世称为"宗教改革"，其以燎原之势在中世纪的欧洲迅速蔓延开来。其中，以加尔文在瑞士所推行的宗教改革最为激进。除了意图实现神权政治，他还推行"上帝预定说"。

也就是说，谁能获得上帝的救赎是事先决定好的，并且会从其现世的行为中反映出来。比如说，那些在每天两个小时的教会训诫中一直打瞌睡的人，以及那些与年龄相差甚远之人结婚的人……他们注定不会得到拯救。

节约和勤勉的态度是衡量一个人能否得到救赎的重要指标。一个人若在自己的岗位上努力工作，并且取得了成果，那么该岗位便是神赐予他的天职，也是其得到救赎的标志。

如此一来，加尔文派的信众整日感到惶恐与不安。为了确认自己能够得到拯救，他们只能积极地过着禁欲的生活，不断地努力工作、辛勤劳动。韦伯认为，在此背景下，人们为天职忘我奉献的同时，也积累了资本与财富，并由此产生了资本主义精神。

韦伯并非旨在论述人类营利的欲求促进了资本主义的发展，而是以宗教为起点，着眼于人的内在动机。从这一点来看，韦伯的学说具有划时代的重大意义。

但是，当我们客观地回顾历史，会发现韦伯的学说可能有些过于牵强。因为，资本主义的发展并不仅仅是由加尔文教派及其信徒推动的。

（3）著名学者的言论未必全都是正确的

新教的路德派、旧天主教信徒以及犹太教徒等也在一定程度上促进了近代资本主义的发展。他们的足迹遍布英国、荷兰和美国等。

这些国家的共通点就是移民，即人口迁徙。当一批新移民来到新的地方时，往往会给那片土地带来新的刺激，无论是在文化上还是在经济上，其所在之地都会有所发展。

反之，长期没有外来人口移入的地方，其文化、经济等可能不会出现显著、快速的发展。最典型的例子就是日本。比较一下历史年表中的事件即可得知，锁国期间，无论在学术方面还是在经济方面，日本都落后于其他国家。

而在欧洲地区，特别是犹太人迁徙过的城市，经济上都有所发展。

当时，犹太人因为受到歧视，总担心哪天会被赶出生活的土地。因此，他们总是从事一些高效率的生意，学习无论到哪个国家都能派上用场的技艺，否则他们很难在当时的环境中生存下去。而且，作为一个经常旅居异国的流浪民族，他们时常辗转于多个国家。因此，他们在一定程度上不会受到当地传统和制度的束缚，经常产生各种创见。

此外，如前文所述，欧洲各国的皇室和统治阶级从中世纪开始便利用犹太人从事金融汇兑的生意。他们一方面歧视犹太人，另一方面又利用犹太人。从中世纪到近代，倘若没有犹太人的金融和经商手腕，其战争经费很可能会无从筹措。

犹太人不仅是世界经济发展的幕后推动者，他们因歧视而辗转生活于世界各地的同时，也在一定程度上刺激了当地经济的发展。最初在美国设立工厂的就是犹太人，17世纪中叶移居牙买加的犹太人振兴了砂糖产业，世界著名的牙买加砂糖的制作方法并非当地人想出来的。

从上述内容来看，韦伯的论述确实有些狭隘。他把资本主义发展的内在动机归结为加尔文教派的伦理精神,未免过于极端和偏颇。

因此,著名学者的言论未必全都是正确的。其实,所有的理论都是那个时代的假说,并非永恒的真理。正因如此,世界上仍有许多容许我们建立新论说的空间。

2. 观察思维方式

（1）了解各种不同的思维方式

文化的差异其实表现为思维方式的差异。

同样，书籍之间的差异不在于内容本身，而在于思维方式的不同。即使针对同一个主题，因作者和所处时代不同，处理的思路也不一样。也就是说，所谓的思维方式，就是从哪个切入点开始，经过了怎样的过程，最后得出什么样的结论。

书中所写内容是按照怎样的思维方式展开的？有时你需要读完整本书才能了解，有时跳着阅读一部分内容便能大致掌握。

已经有大量阅读经验的人，有时只需阅读部分内容就能推测出整本书蕴含的思维方式。没有大量阅读经验的人，可能需要细读整本书之后才能弄清其思维方式的特征。

即使读了一本与自己所在领域完全无关的书，你也不会一无所获。因为，你可以从中理解该书作者的思维方式。了解各种不同的思维方式有助于丰富自己的想法，也能借鉴他人的想法加以应用。

相较于与很多人见面，了解每个人不同的想法，这种方式显然更加简便快捷。所以，在扩大视野方面，大量阅读是最有效的途径。

（2）学习他人的思维方式而非观点与结论

市场上有许多探讨思维方式的书籍，哲学书籍便属此类，经典的通俗读物方面，比如阿兰的一系列作品也可归于此类。在日本，曾经较为有名的书籍如小林秀雄的《思考的启示》（《考へるヒント》），近期的书籍如养老孟司"唯脑论"的一系列相关著作、西部迈的《学问》(《学問》)等，都展现了作者独特的思维方式，成为图书一大亮点。

如果你以"是否认同作者的观点"的态度来阅读书籍，相当于根据自身好恶或得失来随意"挑选"他人。真正的阅读不应该是这样的，而是像努力去理解一个人一样，去仔细观察书中展现出来的各种思维方式。这是磨炼自己思考能力的最佳策略。

但凡人类写下的书籍，并不存在什么无可置喙的金科玉律，其所提供的是一种引导人深入思考的启示。关键不在于内容正确与否，而在于能否提供新的见解。

而且，见解与结论并不重要，我们应该关注作者经过了怎样的思考才得出这样的见解与结论。阅读中最关键的就是弄清楚作者的逻辑思路。

当我们把着眼点放在此处，我们的大脑才真正开始动起来，开始"思考"。这也是"智慧"的开端。而这完全依赖于个人的自主意志，没有任何人可以手把手教你，你只能在独学领域里自主学习。

3. 调查研究某一主题

（1）亲自调查

对于任何事物，我们只有亲自调查才能看见其新的一面。虽说上网搜索可以获得很多资料，但这些仅仅是一些信息而已。正如我在前面讲过的一样，信息具有时效性，随时可能发生变化。

因此，我们应该调查的是接近事实的知识。知识是某一事实的展现，通常会经过加工或编辑整理。一个事实可以被加工成好几种版本，因此知识也无法完全等同于事实。

正因如此，无论遇到什么问题，我们都有必要去亲自调查研究。而且，调查之后，我们很有可能会发现新的知识。

调查自己关注的问题时,最大的绊脚石便是偏见和自以为是。如果带着偏见和自以为是的态度去调查,便如同开展已有定论的调查一样,你完全不会有什么新的发现。

(2) 写出关键词

既然要开展调查,首先要做的就是将调查对象文字化。也就是说,写下几组关于调查对象的关键词。

写的时候,不要写一些概念过于宽泛的词语。比如说,如果你想调查日本武士的实际生活状况,那么不要将"武士"作为关键词,而是选择其他一些更具体的词语。比如"武士的俸禄""武士的住所""武士的权利与义务""武士的婚姻""武士的人数"等。这些关键词会随着调查的深入逐渐增多,所以不必一开始就先做限定。

像"武士"这种概念范围较大的词语，一定要调查其词源。于是，你就会找到一些与武士相关的词语，如"物部""侍"等，然后再去调查一下这些词语的词源。如此一来，你就知道"武士"一词是何时形成的了。

接下来，在百科辞典中查询关键词或相关用语，也可以从中寻找有哪些相关书籍。记下有关书籍名称后，到图书馆利用书籍查询系统搜索这些书。

拿到书后，首先翻到目录页，看看是否有符合调查对象的相关资料。如果找到有用的文章，可以先复印下来。

一般来说，如果是学术性的著作，从目录中就能了解每章的大概内容。此外，从书后的索引或参考文献列表中，也能找到一些所需书籍的书名。

（3）借书或买书

如此一来，你就会逐渐知道自己应该阅读哪些与调查对象有关的书籍,接下来就是买书或借书了。

仅凭书名就去买书确实不太明智。因此,不妨到书店找到那本书,亲自翻阅确认一下,以降低误判。因为有些书的书名并不能准确地反映其内容。而且,说不定你还能在书店发现其他更好的选择。

那些绝版书便只能从网络上寻找,或者从二手书店购买。虽然一家接着一家地逛二手书店比较耗费时间,但有时却能遇上意想不到的重要书籍。我每次寻找资料时,总会经历这种不可思议的邂逅。

一般来说,根据一个主题找到的书能超过50本。但这些书并非全部重要,你需要有所取舍。因此,可以大致浏览、翻阅一下以确认其重要性。每本书花不了几分钟时间即可浏览完毕。

这时候,你大概已经知道哪些书需要静下心来仔细研读,哪几本书的部分章节非常重要。然后,按照分类把这些书放在相应的纸箱里。最好定期整理这些文献资料,否则它们很容易变得乱七八糟、难以收拾。接下来便进入到了熟读阶段。

读了几本书后你就会发现，那些原本认为很吸引人、很应该阅读的书其实并没有那么重要。然而，这种反复试错并非毫无意义，在迷茫、重复的过程中，我们能慢慢学习到正确的筛选方式。

当然，所谓值得研读的书并非那些与自己想法接近的书，而是内容客观、论证有理有据的书，这与书本身的名气毫不相干。前面提到的马克斯·韦伯的例子足以证明这一点。

（4）正确掌握词汇、用语的含义

关于书籍中使用的词汇、用语，有一点需要特别注意。同一词汇或用语，有时因作者不同、写作时代不同，其意义范围会有所不同。

比如说，19世纪书籍中提到的"科学"与现代所说的"科学"大不相同，其定义不像现在这么严谨；近代的"平等""法律"等的概念也与现代不同；那时的"负债""借款"等概念也与现代不同，在当时的很多国家，不偿还借款是有罪的，有人因此沦为奴隶或囚犯。在19世纪的英国，著名作家查尔斯·狄更斯（Charles Dickens）的父亲正是因为欠下数十英镑的债款而入狱。

提到钱，在中世纪以前的西欧，货币主要用于缴纳税金，不像现代一样民众都用货币来购买商品。因此，若以现代的价值观来判断以前书籍所写的内容，很有可能会出错。这是阅读经典书籍需要特别注意的。

（5）对书中内容保持怀疑

另外，我们应该对书籍中所写的内容保持怀疑的态度。为此，除了阅读关于某一论点的著作，也要阅读一些持相反观点的书籍。如此一来，就能发现哪一方的观点有所偏颇。

比如说，谈到与"武士"有关的话题时，可

能会出现"武士道"一词。有的书是以"武士道"在历史中确有存在为前提而写成的,也有一些书否认"武士道"的存在,比如《战场精神史》。在这本书中,作者对新渡户稻造的《武士道》一书如此写道:

"我们必须再一次重新探讨:《武士道》是对日本史不甚了解的新渡户以自己脑海中的'武士'形象为基础创作出来的。该书是一部值得一读的读物,却并非有历史根据的论著。"

当然,作者在书中针对这一论述提出了许多论据。

让我们把目光转向西方。我们往往把西方中世纪有"骑士精神"这一印象当作事实,并对此深信不疑。但事实上,所谓的骑士精神终究只是在中世纪的骑士故事中被创造出来的一种理想。真正的骑士只要拿到报酬就能轻易倒戈,也就是所谓的"雇佣兵"。

而且在没有战争的年代,骑士尽是些杀人越货的无恶不作之徒。为何这么说呢？曾经支持"十字军"东征的教皇说过："这么一来就能安抚那些时常杀人越货、无恶不作的骑士了。"这句话作为记录被保留了下来。

围绕主题进行调查的方法（基础工作）

1. 选出符合主题的关键词

2. 把握关键词及频繁出现的相关用语、语句、术语等的语义范围

3. 调查词源

需要特别注意，同一词语或用语，有时因作者不同、写作时代不同，其语义范围会有所不同。比如说，表示距离的单位"一里"，在某些时期表示4千米，而在某些时期则表示500米。此外，因国家不同，颜色的名称

与实际颜色有很大差异。

4. 把握主题范围的历史环境

使用历史地图等，比较世界历史，考虑战争、事件、人口流动等因素，关注那个时代的重要人物，一定要阅读相关历史书籍。

5. 把握宗教环境

除了了解当时的政治环境外，还要调查宗教环境。具备有关犹太教、基督教、天主教、新教、伊斯兰教的基础修养。把握宗教环境可以提高理解的准确性。

6. 把握生活环境

参考民族志等资料，从整体上考虑那个时代人们的生活状况。需要注意的是，年代越久远，统治阶层与普通民众的生活差距就越大。历史教科书中记载的多为皇室贵族或统治阶层的活动。

7. 筛选与主题直接相关的书籍或资料

- 不偏向某个作者或特定学派
- 不偏袒特定见解
- 阅读观点对立的书籍
- 对名家名著保持怀疑态度
- 不依赖解读本

8. 开始研究

按照上述步骤，在不断深入调查的过程中，你会发现越来越多令自己感到惊讶的事实。而且，今后阅读其他书籍时，你也能很快发现哪些观点有所偏颇，哪些内容缺少事实依据。

我们常说的有洞察力、脑子好，指的便是这方面。读了一本书便对其内容完全相信是一种盲目的信仰，不过是人云亦云罢了。老实说，很多人都是抱着这样的态度生活的。

而独学式的研究是打破这一局面,尽可能接近真相的最佳途径。如此,新的见解和想法才会出现。

4.随身携带笔记本

（1）写下来就能解决疑问

一旦开始独学，你自然会产生很多疑问和想法。为了随时记下这些疑问和想法，可以随身携带一个笔记本。

比如在笔记本中写下"电梯最早出现于什么时代？"。像这样记下独学中产生的疑问，总有一天答案会悄然出现在你面前。

顺便说一下，世界上最古老的"电梯"出现于公元前40年左右被罗马皇帝任命为犹太省（今以色列、巴勒斯坦地区）的代理统治者大希律王的宫殿中。当然，这个"电梯"要靠人力驱动。

"为什么中世纪的绘画中有婴儿,却不见儿童的形象呢?"

因为在中世纪,相当于现今小学生年纪的孩子已经像大人一样工作了,所以中世纪没有儿童的概念。

"为什么军人身份的笛卡尔能在德国悠闲地过冬?"

因为当时到了冬天,军队就会进入休战期,这是常识。

这些琐碎的知识点十分繁杂,但有助于加深我们对古典书籍的理解。因为生活在现代社会的我们并不了解古时候人们的生活状况。

当然,笔记本上还能记下我们对当前研究产生的疑问。我在读路德维希·维特根斯坦(Ludwig Wittgenstein)的《逻辑哲学论》(*Tractatus Logico-Philosophicus*)时,对最后一句话总也理解不了。那是维特根斯坦的名句:

"对于不可说的东西我们必须保持沉默。"

我将"不可说的东西""维特根斯坦"等写在了笔记本上。不久之后我总算理解了这句话的含义。"不可说的东西"即那些与神相关的神秘事物。"必须保持沉默"是因为无论用怎样的语言来表达，语言本身都有其界限，最终还是会词不达意。

维特根斯坦的宗教信仰让我理解了这句话的含义。维特根斯坦的思想根源来自天主教，从这一视角重新审视他的哲学观，便会十分清楚明白了。

（2）如何做笔记

做笔记时没必要写得秩序井然、工工整整，随意书写反而更好。笔记上的字有大有小，正好能反映出记笔记时自己的重视程度和情绪状况。

电子笔记则无法做到这些。电子笔记呈现的是一种无机质的字体，无法表现浓淡强弱，且只能规律地排列，以至于所有的电子笔记全无个性，只是一堆无趣的文字，无法给人留下深刻的印象。此外，把笔记整理好录入计算机里，也失去了做笔记的意义。

随身携带的笔记本可以使用一般的笔记本，也可以用较大的记事本。我用的是自己装订成册的40页左右的稿纸，但记笔记时可以忽略稿纸的框线，随意书写。

除了某些想法或疑问，还能在笔记本中记些必读书籍的书名。之后若觉得已解决或不需要了，就画上一两条横线将之删掉。删除时不要将文字全部涂黑，这样的话，以后再翻到此处时，你也能知道哪些东西是已经解决或不需要的。

笔记本上还能粘贴一些复印资料。这是一本可以完全自由使用的笔记，但彼此无关的事项在一页里最多记上两项，否则就不是笔记了，而成了杂记。这样的话，不仅杂乱无章，而且难以整理。

另外，尽量不要在记下笔记那页的背面写东西。换句话说，笔记本中每张纸只使用单面。之所以留有空白是为了方便日后整理相关笔记。记笔记的技巧还有很多，不过，倘若过分执着于记笔记这件事，那就本末倒置了。

5.有效利用图书馆

（1）整理好笔记和复印件

图书馆是知识的宝库，藏有众多资料和经典书籍。相较于去图书馆查资料，目前似乎流行在网络上搜资料，也节省时间。但实际上，到图书馆查阅资料并不费时，而且准确。图书馆对独学者而言是不可或缺的。

日本有很多图书馆，但并非每座图书馆都有完备的藏书与设备。如今很多图书馆都变成了人们免费借阅杂志与娱乐读物的地方。不过，有经典藏书的图书馆依然具有很高的知识价值。

不过，虽说可以利用图书馆免费借阅书籍，但独学所需的书若全部从图书馆借阅也不太好。需要仔细研读的书应该自己买回家，而那些市面上找不到的绝版书或很早之前的文献资料则可从图书馆借阅。

在查找资料时，最好将自己想要查阅的书记在笔记本上，否则日后准备查阅时却记不清具体书名，只会白白浪费时间和精力。

资料整理也讲究方法。比如说，将笔记和资料复印件装在 A4 或 B4 大小的信封里，并在信封上写好日期。或者，你也可以将资料装进透明文件夹中，查找时会更加一目了然。作为查阅记录的笔记若能统一大小和类型，也会更加易于整理。

另外，查阅记录整理完毕最好不要输入计算机中。因为这样一来，记录便无法和复印资料放在一起保存，日后会很难整理。而且，若遇到意外事故，存放在计算机中的资料可能会完全消失。所以，将手写资料放在同一个文件夹中最为保险。

（2）查阅资料的基本步骤

利用图书馆查阅资料时，最好能提前准备一份"疑问笔记"，如此一来，查阅方向会更为清晰。要调查什么内容、对哪方面有所疑问等，这些都要在笔记上明确写好，然后在有疑问和认为有问题的地方标好日期。这样一来，你便能更好地了解自己独学的程度如何。

我经常在硬纸板上写下对某一主题的问题、必须深入调查的事项，以及发现的某些疑问等。这是我基于自身工作的特殊性而使用的一种方法，比如为了写一本书或者需要将学到的知识学以致用等。因此，这种方法并非适合所有人。

不过，把问题全部记在一张纸上，可以将问题考虑得更加全面，从这个意义上来看，这一方法还是有价值的。另外，这种方法也可以防止出现查阅资料时过度关注细枝末节而忽视全局与整体等错误。

一般来说，刚开始查阅资料时通常需要浏览多种百科辞典,粗略了解一下与主题有关的内容。但我们也不能完全相信百科辞典中的解释。百科辞典中的内容有时可能失之偏颇,有时则过于简略,不一定完全正确。

网络上的百科辞典,如有"网络百科全书"之称的维基百科,几乎没什么参考价值。基本上那只是一种不负责任的"游戏",内容可信度非常低。

(3)住在图书馆附近

如果常去的图书馆里没有自己想借阅的书,可以通过馆际互借制度向其他图书馆调借资料。例如东京都立中央图书馆不提供图书借阅服务,但如果其他图书馆有需求,可向其申请藏书外借。大学图书馆也可以互相借阅资料。知识是开放共享的。

有些大学的图书馆也向普通民众开放。但各个大学有自己的规定,需要提前咨询好。如果不外借只是在现场看书的话,可以选择去东京都立中央图书馆,那里的藏书相当丰富。不过，大多数想要查阅的内容，在附近的区立图书馆、市立图书馆主馆中基本都能查到。

如果住所附近有图书馆，不妨好好利用。清楚各类书籍摆放在哪些书架上的话，你查找资料的效率也会提高。

如果住所附近连一座像模像样的图书馆都没有，那最好赶快搬家。这说明当地政府完全不注重任何人文关怀。

北海道的夕张市曾因财政危机而关闭了图书馆，正是因为缺乏人文素养，才会把钱花在无聊的游乐园项目上，将城市搞得一团糟。照理说，即便把政府办公之地选在简易板房中，也应想方设法把图书馆、医院和学校等基础设施建设好，这才是城市人文关怀的体现。

后记一 独学改变人生

坚持独学将改变你的人生。

因为，随着知识的增加，一个人的思维方式和看待事物的方法也会更加多元化。思维方式改变，价值观与行为也会随之发生变化，而这种行为不免会映入他人眼帘，无形间带来人际关系的变化。换句话说，你的人生将由此改变。

此外，在独学的过程中，我们也会遇到对自己有重要影响的书籍。这样的书大概一生只有几本，但它们却是你一辈子的朋友。若能拥有这样的书籍，那确实是人生之幸。

所谓享受人生并非恣意挥霍金钱,过享乐的生活,而是每天从自己所做之事、所从事的工作、所遇到的人等各个方面找到无可替代的人生意义,感受难以言喻的喜悦。这才是享受人生。

独学恰好可以为这样的人生带来帮助。因为独学带来的成长和转变最终会内化为身体的一部分。

环境、时代、文化等确实会影响人的发展。有人也通过研讨会或研修会等感受自己的变化。然而,只有独学带来的变化源自人的内心深处。这是每个人都可以亲身体验并得到证明的事。

一个人并非经历得越多,就越了解人生之事。因为经历是属于个人的,且仅有一次。经历终会成为过去,无法被深入研究。

然而,知识是普遍性的,是人们从古至今积累下来的智慧。这才是人类真正的宝藏。生活在这个世界上,享受人类宝藏的光辉,这便是独学。

独学会让自己由内而外散发光芒。这是生而为人的美妙之事。而从此刻开始,每个人都能拥有如此美妙的人生。

2006 年 12 月
白取春彦

后记 2 做有创见的独学者

读过本书的读者想必已经了解,本书并非阐释独学的方法论或工具书,而是一部从我个人立场阐释独学态度的著作。

本书并未介绍任何可以马上用于实践的技术或方法。因此,那些注重实用性的读者可能不会喜欢,甚至会觉得没用。

确实如此。这本书不适合想在考试中拿到高分的人。但是我想说,就算在考试中拿到高分又如何?这样就能证明你是头脑机敏、有才干的人吗?显然不能。在考试中拿到高分只能证明，作为一种考试工具，你的性能还不错。仅此而已。

所谓考试，即只有答对预定的答案才能拿到分数。即使写出比出题方更精准的答案，你也不会得到高分。只有在这个考试体系之内的答案才会被认可。

另外，考试只能测定考生的知识储备及是否掌握了学习要领。比如说，对于同一门考试，有人凭借做题技巧和背诵而通过了考试，有人不为应试而学习，而是本身精通这门学问，自然通过了测试。这两类人存在本质上的差异，但仅凭考试是无法判别的。我在本书整体阐述的便是鼓励大家学习后者。

有些人为了日后能在经济和社会地位上更有优势而参加某些考试，这种态度原本就很不可取。因为日后能否获得优势，谁也无法断言。为了眼前利益而最终成为一个心胸狭隘的人有什么用处呢？抑或，成为一个只看利害得失的人又有何用？再进一步说，究竟什么是失？什么是得？到底以什么为基准进行判断？一切都只是妄想罢了。

市面上很多工具书、教授技巧的书都只是为了满足这种日益膨胀的妄想的书，不过是看起来有用罢了，实则不过是为了敷衍了事。可能有人确实利用这些书在考试中取得了高分，但这并不意味着他今后的人生会变得更加容易。

不仅如此，为了应付考试而学习会令你十分痛苦，也会让你承受极大的压力。在有限的时间内，你必须记住那些自己完全不感兴趣、十分浅薄的内容。考试结束后，这些东西会立刻从脑中"挥发"，完全不会成为自己的养分，它们在实际工作中也几乎不会派上用场。

与其如此，把时间花在自己感兴趣的事物上，按照自己的节奏享受独学的乐趣岂非更加快乐？因为感兴趣，因为想了解，所以想去深入研究。没有比这更强烈的学习动机了。并且，你能毫无压力，自然而然地坚持下去。只有这样的独学才能催生出新的想法和创意。那位享誉世界的建筑师安藤忠雄便是一位这样的独学者。

2012 年 8 月

白取春彦

图书在版编目（CIP）数据

独学术：如何独立学习并拥有自己的创见 /（日）白取春彦著；贾耀平译. -- 北京：北京联合出版公司，2024.9. --ISBN 978-7-5596-7757-0

Ⅰ. B80

中国国家版本馆CIP数据核字第2024JL4923号

独学術
"DOKUGAKUJUTSU"by Haruhiko Shiratori
Copyright © 2012 by 白取春彦
Original Japanese edition published by Discover 21, Inc., Tokyo, Japan
Simplified Chinese edition published by arrangement with Discover 21, Inc.
through Chengdu Teenyo Culture Communication Co.,Ltd.
Simplified Chinese edition Copyright ©2023 by Beijing Baby Elephant & Orange Cultural Media Co., Ltd.

北京市版权局著作权合同登记号 图字：01-2024-4135号

独学术：如何独立学习并拥有自己的创见

作　者：［日］白取春彦
译　者：贾耀平
出 品 人：赵红仕
责任编辑：管　文
特约编辑：高继书　姬　巍
装帧设计：蔡小波
内文排版：仙　境

北京联合出版公司出版
（北京市西城区德外大街83号楼9层　100088）
北京联合天畅文化传播公司发行
北京美图印务有限公司印刷　新华书店经销
字数76千字　787毫米×1092毫米　1/32　6印张
2024年9月第1版　2024年9月第1次印刷
ISBN 978-7-5596-7757-0
定价：49.80元

版权所有，侵权必究
未经书面许可，不得以任何方式转载、复制、翻印本书部分或全部内容。
本书若有质量问题，请与本公司图书销售中心联系调换。
电话：010-64258472-800